방언은 받는 것이 아니라
터지는 것이다

방언은 받는 것이 아니라
터지는 것이다

김동수 지음

초판 1쇄 인쇄 2025년 9월 25일
초판 1쇄 발행 2025년 10월 1일

편집 송혜숙
총무 곽현자

발행처 도서출판 이레서원
발행인 문영이
출판신고 2005년 9월 13일 제2015-000099호

경기도 고양시 일산동구 백석로71번길 46, 1층 1호
Tel. 02)402-3238, 406-3273 / Fax. 02)401-3387
E-mail: Jireh@changjisa.com Facebook: facebook.com/jirehpub

책값은 표지에 있습니다.

ISBN 978-89-7435-681-1 03230

글 저작권 ©2025, 김동수

이 책의 저작권은 저자에게 있습니다. 저자와 출판사의 서면 허락 없이
내용의 일부를 복사하거나 발췌하는 것을 금합니다.

방언은
받는 것이
아니라
터지는 것이다

방언은 성령을 통해 신자의 영과 하나님이 교통하는 기도

김동수 지음

이레서원

추천사

김동수 교수님은 영국 케임브리지에서 갈고 닦은 학문적 깊이와 풍부한 목회 현장의 경험을 겸비한 신뢰할 만한 학자다. 이 책은 방언을 둘러싼 오해를 풀어 주고, 성경적 진리를 새롭게 비추어 준다. 무엇보다 방언이 '받는 것'이 아니라 '터지는 것'이라는 통찰은 독자에게 신선한 충격과 깊은 깨달음을 선사한다. 이 책을 읽는 이들은 방언에 대한 두려움과 오해가 사라지고, 기도의 기쁨을 회복하는 길을 만나게 될 것이다. 하나님과 더 깊은 교제를 사모하며 영적 회복과 기도의 열정을 갈망하는 모든 이에게 기쁨으로 권하고 싶은 귀한 책이다.

— 김대조 목사(주님기쁨의교회)

김동수 교수님은 한국 교회에서 매우 독보적인 방언 전문가다. 수많은 방언 및 은사 집회를 직접 인도했을 뿐만 아니라, 한국 신약학회장을 역임한 성서학자로서 방언에 대해 탄탄한 성경신학적 연구를 해 왔기 때문이다. 그는 이 책을 통해 잘못된 은사 중지론을 교정하고, 방언에 대한 건강한 성경적 이해를 돕는다. 더 나아가서, 그동안의 방언 사역을 통해 얻은 생생한 경험과 통찰을 매우 풍성하게 제시한다. 이 책은 방언 연구와 사역에 관심 있는 신학자와 목회자에게 필독서다. 그리고 한국 교회 성도들에게 뜨거운 기도의 영성을 다시 회복시키는 성령의 길잡이가 될 것이다.

— 김태섭 교수(장신대, 신약학)

방언에 대한 논의는 한국 교회 안에서 오랜 논쟁의 주제였으나, 동시에 오해와 왜곡 속에 갇혀 있었다. 김동수 교수님의 『방언은 받는 것이 아니라 터지는 것이다』는 그러한 혼란 속에서, 성경적·신학적 근거 위에 방언을 새롭게 조명하는 탁월한 저작이다. 저자의 깊은 학문적 연구와 풍부한 목회 현장 경험은, 방언을 둘러싼 불필요한 논쟁을 넘어 성령의 은혜를 사모하도록 인도한다. 방언을 '받는 것'에서 '터지는 것'으로 이해하는 패러다임의 전환은 독자로 하여금 방언의 실제적 체험의 장으로 이끌어 낸다. 오순절 신학을 전공한 선교학자의 입장에서, 본서는 방언을 둘러싼 교회 내 신학적 대화를 새롭게 열어 줄 귀중한 시도라고 확신한다. 방언을 바르게 이해하기를 원하고, 체험하기를 사모하는 모든 독자에게, 이 책을 기쁘게 추천한다.

— 유근재(주안대학원대학교 총장, 한국선교신학회 제22대 회장)

방언에 대한 평가는 사람마다 참으로 다양하다. 이는 실제로 방언 체험을 하였는지, 그렇지 않은지와 밀접하게 연관된다. 그러나 아무리 방언에 대해 무관심하거나 적극적으로 부정적인 입장을 취하는 사람들이 있다 해도, 오늘날 방언의 은사는 계속해서 체험되고 있다. 김동수 교수님의 『방언은 받는 것이 아니라 터지는 것이다』는 바로 이러한 배경 속에서 방언에 대한 한국 교회의 오랜 오해와 논쟁을 명쾌하게 해소하며, 성경적 진리를 깊이 있게 탐구하는 탁월한 안내서다. 20여 년간 방언을 깊이 연구하고 수백 번의 집회를 인도하면서 얻은 저자의 생생한 통찰력은 이 책의 곳곳에서 빛을 발한다. 방언이 궁금한 분들과 방언 체험을 사모하는 분들에게 이 책은 새로운 영적 지평을 열어 줄 소중한 선물이 될 것을 확신하며 적극 추천한다.

― 유승대 목사(은평성결교회)

오늘날 한국 교회가 다시금 회복해야 할 기도의 불길 중심에는 방언 기도가 있다. 이 책은 신학 논문이 아니라 성도들이 방언을 이해하고 체험하며 지속적으로 기도의 삶을 이어 갈 수 있도록 돕는 실제적인 지침서다. 방언을 둘러싼 오해를 바로잡고 성경적 진리를 토대로 기도의 열정을 회복하기를 소망하는 모든 성도님에게 큰 도움이 될 것이다. 한국 교회가 성령 안에서 더욱 뜨겁게 기도하고, 영적 생동감을 충만히 회복하기를 기대하며 일독을 적극 추천한다.

― 이영훈 목사(여의도순복음교회)

성령의 은사에 관심을 있는 분들이라면 신약성경에 나오는 그 은사의 지속성을 믿는 이들과 더 이상 지속되지 않는다고 믿는 이들로 나뉘어져 있음을 알 것이다. 하지만 성령의 은사가 오늘날에는 존재하지 않는다고 믿는 분들도 사랑의 은사나 가르침의 은사 같은 것이 있다는 사실을 부인할 수는 없을 것이다. 그렇게 보면, 성령의 은사 전체를 부정하는 것이 아니라 선택적으로 부정하며 그 중 유독 '방언'의 은사를 꼬집어 부인하는 셈이다. 김동수 교수님은 이러한 흐름에 성경신학적으로 방언의 지속성을 주장해 오신 분으로서 신학자로서는 찾아보기 쉽지 않은 분이다. 『방언은 고귀한 하늘의 언어』라는 책으로 이미 방언에 대한 체계적인 안목을 제시해 주셨는데, 이 책을 개정하여 '방언은 받는 것이 아니라 터지는 것이다'라는 제목으로 출판하게 되어 기쁘게 생각한다. 이 책을 통해 한국 교회가 방언에 대한 극단적인 태도들을 내려놓고 성경적인 시각을 가질 수 있기를 소망하며 추천한다.

_ 이재훈 **목사**(온누리교회)

우리 모두는 '이미 경험되어진 하나님'과 '앞으로 경험할 하나님' 사이에 서 있는 자들이다. 그러니까 우리는 다 과정 중에 있는 자들인 것이다. 혹시 내가 남보다 먼저 경험한 은혜가 있다면 감사하고 기뻐할 일이고, 아직 내가 경험하지 못한 은혜는 겸손히 사모해야 마땅하다. 성령의 은사인 방언도 마찬가지다. 이미 방언이 '터진' 분들은 기뻐하고 감사하자. 아직 방언이 '터지지' 않은 분들은 사모하는 마음으로 기도하며 이 책을 정독하기를 권한다. 김동수 교수님의 20년간의 '방언' 연구의 결과물인 이 책이 '하늘의 언어'를 경험하는 마중물로 귀하게 쓰이게 될 줄로 확신한다.

_ 이혜진 **목사**(아틀란타벧엘교회)

서
문

무슨 일을 할 때 가슴이 뛰는가? 무슨 사역을 할 때 마음속 깊은 곳에서 기쁨이 샘솟는가? 필자가 최근에 자문하는 질문들이다. 곰곰이 생각해 보니 필자는 교회에서 방언에 대해서 설교하고, 이어서 같이 기도하면서 사람들이 방언을 체험하는 것을 볼 때 정말 행복하다. 또 방언에 대한 성경적 진리를 연구하고 깨달을 때, 또 그것을 연구물로 발표할 때 희열을 느낀다. 그래서 행복감으로 인해 필자는 지금까지 방언에 관한 여러 편의 학술 논문을 썼고, 세 권의 책을 저술했으며, 지난 20년간 이에 관해서 수백 번의 집회를 인도했다.

2008년 『방언은 고귀한 하늘의 언어』(2012년 개정 증보)를 쓴 이후, 방언 연구와 집회를 계속해 왔다. 특히 최근에 깊이 깨달은 바는, 방언은 받는 것이 아니라 터지는 것이라는 점이다. 성경에 성령을 받으라(요 20:22)는 말이 있지만, 방언을 받으라는 말은 없다. 방언은 성령을 받으면 패키지로 주어지는 것이며, 그것이 어느 시점에서 터지는 것이다. 이러한 생각을 가지니 사람들에게 억지로 방언을 받으라고 하지 않고, 패키지로 받은 방언을 그냥 하면 된다고 설파하게 되었다.

이렇게 깨달은 진리를 선포한 후 필자가 인도하는 집회에도 변화가 일어났다. 방언을 받으려고 애쓰기보다는 주어진 방언을 순종해서 하면 되는 것이다. 이러한 생각으로 방언에 대해서 말씀을 전하고 같이 기도하니 이전에 집회할 때보다 더 많은 사람이 어렵지 않게 방언이 터지는 체험을 하게 되었다.

이 책을 마무리하는 단계에서 필자는 탈북자 성도들이 대부분인 인천한나라은혜교회 금요 심야 기도회를 인도했다. 북한에서 자라고 교육받은 사람은 공산주의 유물론이 마음에 깊이 들어 있어서 기본적으로 영적인 것에 대해서 거부감이 있다고 한다. 그래서 교회 와서 착하게 살라는 말에는 공감하는데, 방언과 같은 영적인 현상은 쉽게 받아들이지 못하는 경향이 있다고 한다. 그런데 이런 사람들에게 방언이, 성령을 받으면 어느 시점에 터지는 것이라는 말씀을 전하자 대부분의 참석자들이 방언을 체험했다.

지난해에는 신촌성결교회 바이블 컬리지 특강 후에 행한 집회에서 90대 장로님 두 분과 90대 권사님 한 분이 평생소원이던 방언을 체험하는 역사가 있었다. 그 자리에서 60대 여전도회장 권사님이 방언을 체험하고 정말 기뻐하는 모습을 보았다. 그동안 이분들은 방언을 받으려고 계속 노력해 왔었다. 자신에게 신앙심이 부족해서 방언을 못하는가 하고 더 열심을 내보기도 했고, "나에게는 방언의 은사가 아니라 다른 은사를 주시려나 보다" 하고 자위하기도 했단다. 그런데 방언은 성령을 받으면 누구에게나 주어지는 은사로, 그것이 터지기만 하면 된다는 말씀을 듣고 순종하니 그대로 방언이 터졌다.

한국 교회가 잃지 말아야 할 중요한 전통은 기도, 그것도 뜨거운 기도다. 그 뜨거운 기도의 중심에는 방언 기도가 있다. 이 방언 기도의 뜨거움 속에서 한국 교회는 영적인 생동감을 유지해 왔다. 그런데 지금 우리는 서구 교회의 영향을 받아 이러한 기도가 점차 사라지거나 무색해지고 있다. 필자는 이러한 기도의 열정이 계속 이어지기를 소망하면서 본서를 내놓는다. 바라기는 본서를 읽고 독자들이 성경이 말하는 방언을 체험하고, 또 체험한 분들은 그 성경적 근거를 발견해서 계속해서 방언 기도를 했으면 좋겠다.

2025년 8월 인천 송도에서
저자 김동수

차례

추천사 4
서문 8
들어가는 글 14

제1부 방언을 다시 논하자! • 19

제1장 방언에 대한 오해 • 21

1. 방언은 한 맺힌 민초의 아우성인가?
2. 방언은 하찮은 은사인가?
3. 현대 교회의 방언은 모두 '가짜'인가?
4. 마귀 방언도 있는가?
5. 방언은 불신앙의 표지인가?
6. 방언은 이제 중지되었는가?
7. 방언은 은사받은 신자만 체험하는 것인가?

제2장 방언에 대한 올바른 이해 • 50

1. 방언이 꼭 필요한가?
2. 사도들의 방언과 현대 교회의 방언은 다른 것인가?
3. 외국어 방언도 있는가?
4. 방언은 다른 초자연적 은사 체험의 통로인가?
5. 어떻게 방언 통역을 체험할 수 있는가?
6. 진보주의 신자는 왜 방언을 꺼리는가?
7. 당신의 방언관은 성경적인가?

제3장 중단되어야 할 방언 중지론 • 76

1. 옥성호의 방언 중지론
2. 존 맥아더의 방언 중지론
3. 박영돈의 방언 소극적 인정론
4. 중단되어야 할 주장, 기적 은사 중지설

제2부 방언, 그것이 알고 싶다! • 117

제4장 성경이 말하는 방언 • 119

1. 누가가 말하는 선교와 방언
2. 바울이 말하는 방언 기도
3. 신약성서는 두 가지 방언을 말하는가?
4. 마가복음의 '새 방언'
5. 기타 신약성서의 방언 구절들

제5장 방언에 이렇게 깊은 뜻이! • 134

1. 방언에는 메시지가 있을까?
2. 방언은 성령 세례의 표적인가?
3. 방언에는 깊은 신학이 배어 있다고?
4. 방언 통역, 어떻게 하는 것인가?
5. 방언은 신앙생활에 어떤 유익이 있는가?

제3부 방언, 체험하고 싶다! • 173

제6장 방언 체험의 원리 • 175

1. 방언은 터지는 것이다
2. 방언에 대한 태도와 방언 체험
3. 방언을 사모하면 방언이 터진다
4. 방언 체험할 때의 감정 상태
5. 방언 체험, 그 이후

제7장 방언 체험의 실제 • 198

A. 이렇게 하면 방언을 체험하지 못한다
B. 이렇게 하면 방언이 터진다

나가는 말 223
참고문헌 229

들어가는 말

국내 신학계에서 필자는 이른바 '방언 박사'로 알려져 있다. 신학자로서 방언에 대한 신학 연구서와 목회자용 개론서와 평신도용 방언 설명서를 썼고, 20년 전부터 방언 체험 집회를 계속 인도해 오고 있기 때문이다. 그래서 많은 학자는 필자의 박사 학위 논문 주제가 방언인 줄 안다. 사실 필자의 박사 학위 논문은 신약성서 중에서 방언은 물론 축귀 기사도 한 번 나오지 않는 요한복음에 관한 것이었고, 그것도 요한복음의 성령론도 아니고 요한복음에 나타난 교회론이었다.

그렇다면 무엇이 필자로 하여금, 박사 학위 논문 주제와 전혀 관계가 없는 방언 연구에 몰두하게 했을까? 그 동인과 동력은 바로 필자의 방언 체험에 있다. 필자는 성경에 나오는 방언을 체험했고, 대학생 시절부터 매일 방언으로 기도해 오고 있는 사람으로서, 방언의 유용성과 중요성을 체득하고 있었다. 그런데 이것을 경시하고, 심지어 비방하고 부인하는 학자들과 목회자들의 행태를 가만히 보고만 있을 수가 없어 방언 연구에 뛰어든 것이다.

한국 교회에서 방언에 대한 논쟁을 다시 불러일으킨 것은 집사 김우현 피디가 쓴, 자신과 주위 사람들의 방언 체험기인 『하늘의 언어』(2007)다. 신학을 전공하지 않은 옥성호 집사도 영어권의 책을 읽고 은사 중지론적 입장에서 김우현 피디의 견해를 반박하는 『방언, 정말 하늘의 언어인가?』(2008)를 썼다. 신약학자로서 또 방언 체험자로서 필자는 옥성호 집사의 견해를 비성경적이라고 반박하는 내용을 포함해서 방언이 무엇인지 실제적·성경적으로 자세히 설명하는 책인 『방언은 고귀한 하늘의 언어』(2008; 개정판 2012)라는 책을 썼다. 가볍게 쓴 책이었는데, 이 책은 지금까지 필자가 저술한 30권 정도의 책 중에서 유일하게 1만권 가까이 판매되었다.

『방언은 고귀한 하늘의 언어』를 저술한 이후, 국내외에서 방언 체험 집회 요청이 있어 두란노서원 목회와 신학 주최 목회자 세미나를 비롯하여 전국의 크고 작은 교회와 해외 교회에서 수백 번의 집회를 인도하게 되었다. 그 집회 인도를 통해서 성경의 방언에 대해서 더 피부적으로 알게 되었고, 그것은 또한 방언 연구에 자극을 주어 이후 『신약이 말하는 방언(2009)』을 저술했고, 또 목회자들에게 방언을 신학적으로 소개하는 『방언, 성령의 은사』(2015)를 썼으며, 방언에 대한 연구서를 개정/증보하여 『방언과 예언』(2016)으로 출판하였다.

본서는 방언을 다루는 네 번째 책이다. 본서의 모태는 2008년에 초판을 썼고, 2012년도에 개정 증보한 『방언은 고귀한 하늘의 언어』다. 하지만 본서는 그 책의 증보판이 아니다. 본서는 새로운 체계에 따라, 또 새로운 논지에 따라 내용을 재구성했다. 덜 필요한 부분은 덜어 냈고 필요한 부분을 추가했다. 필자가 최근에 성령의 은사에 대해서 쓴 논문과 2025년 1월부터 기독교 잡지 「교회성장」에 수필 형태로 쓴 방언에 대한 글들이 본서에서 중요한 부분을 차지하고 있다.

본서에서 새롭게 강조하는 부분은 방언이 받는 것이 아니라 터지는 것이라는 점이다. 그래서 본서의 제목을 그것으로 잡았다. 필자는 방언을 연구하고 집회를 하면서 방언을 우리가 받는 것인지, 터지는 것인지를 오랫동안 고민해 왔다. 그러다가 방언이 받는 것이 아니라 신자가 예수를 믿어 성령을 받을 때 주어져 기도할 때 터져 나오는 것이라는 것을 성경적으로 또 체험적으로 깨달았다.

본서는 크게 네 부분으로 구성되어 있다. 제1부는 성경적으로 방언을 논한다. 여기에서는 크리스천들이 방언에 관해 궁금해하는 질문들을 성경적으로 대답한다. 방언을 말할 때마다 늘 거론되는 이슈인 방언 중지론은 한 장(章)을 할애해 따로 다룬다. 제2부는 방언의 신학적 의미를 다룬다. 바울과 누가가 말하는 방언의 본질과 목적은 무엇이며, 그것이 신학적으로 어떤 의미가 있는지를 밝힌다. 제3부는 실제적으로, 방언 체험의 원리와 방법을 제시한다. 방언이 받는 것이 아니라 터지는 것임을 논증하고, 그에 입각하여 어떻게 방언을 체험할 수 있는지를 제시한다.

본서는 성경이 말하는 방언이 무엇인지, 또 방언이 신앙생활에서 얼마나 중요한지를 깨닫게 하고 방언을 실제로 체험하게 하기 위해 쓰여졌다. 또 방언을 이미 체험한 사람들에게는 그 방언의 의미를 깨닫게 하고 방언에 대한 확고한 신앙을 가지고 계속 방언으로 기도할 수 있기를 바라는 마음으로 썼다.

· 제1부 ·

방언을 다시 논하자!

제1장

방언에 대한 오해

인간관계를 좋게 유지하려면 정치적인 토론이나 종교 이야기를 삼가야 한다고 한다. 우리 크리스천들 사이에서도 좋은 관계를 유지하려면 성령론에 관한 논쟁을 해서는 안 된다고 한다. 그중에서도 방언은 더욱더 그러하다. 방언을 적극적으로 반대하거나, 소극적으로만 인정하거나, 방언이 신앙 성숙의 단계라고 믿거나, 또한 방언을 적극적으로 인정하는 등의 다양한 입장이 있을 뿐만 아니라 각자는 주장을 뒷받침하는 나름의 신학 배경이 있어서 자기의 주장을 쉽사리 굽히지 않기 때문이다. 하지만 진정으로 관계를 좋게 유지하려면 문제를 피하지 말고 서로 솔직하게 대화하는 것이 필요하다. 그래서 성서학자인 필자는 성경을 펴놓고 이 문제를 독자와 함께 씨름해 보려고 한다.

1. 방언은 한 맺힌 민초의 아우성인가?

방언은 근본적으로 영적인 현상이다. 바울이 고린도교회에 가르친 방언이나(고전 12-14장) 누가가 사도행전에 기록한 방언(행 2:1-4 외)은 실제 사용된 언어를 말하는 것이든 아니면 신자의 영이 하나님과만 소통하는 부호이든, 어떤 경우에든지 방언은 성령의 인도하심에 따라 말하는 영적인 현상이다. 오순절 사건에서 일어난 방언이 사람들에게 이해되었다고 해도, 방언하는 사람에게 있어서 그 언어는 낯선 언어였고 성령의 말하게 하심을 따라 신자들이 방언을 한 것이다(행 2:4). 또 바울이 고린도전서에서 말하는 방언은 이 세상의 언어가 아닌 하나님과의 소통 언어인 것이다(고전 14:2).

그런데 현대 방언을 심리학적 혹은 사회학적으로 분석하는 학자 중에는 방언이 영적인 현상이라는 사실을 부인하는 사람들이 있다. 조지 커튼(George B. Cutten)은 "내가 아는 한에 있어서 방언을 엄격하게 과학적으로 검토할 때에, 이미 개발된 심리학적 원리로 설명되지 않는 방언은 없다고 생각한다"고 말한다(Speaking with Tongues, 181). 서광선은 방언하는 사람들이 주로 하류 계층임을 볼 때 "결국 방언은 민중의 하소연이며, 민중의 한을 말하는 소리라는 해석이 가능하다"고 본다. 특히 방언하는 사람 중 여성의 비율이 높은 것은 "가족적 억압에서 생기는 속상함과 한을 푸는 기회가 방언"이기 때문이라고 한다. 나아가 방언하는 사람들은 주로 민초 출신자들로서 "자신이 처해 있는 어려운 환경에서 언어 구사 능력의 부족함을 통감하던 차에, 방언을 하게 됨으로 자신의 문제를 어느 정도 해소하게" 된 것이라고 주장한다(『한국 교회 성령 운동의 현상과 구조』, 77).

    필자는 방언에 대한 심리학적·사회학적 분석이 가능하고 또 때로 유용하다고 본다. 모든 영적 현상은 이 땅에서 일어나는 한 사회학적으로 설명이 가능하며, 사람 안에서 일어나는 일이므로 심리학적으로 분석하는 것이 가능할 뿐만 아니라 때로 매우 유익하다. 방언의 심리학적 분석과 사회학적 분석은 방언이 단순히 개인의 영적인 체험으로만 이해되어서는 안 됨을 보여 준다. 근본적으로는 영적인 현상이지만 사회학으로도 얼마든지 분석이 가능한 것이다.

    하지만 방언을 심리학적, 혹은 사회학적으로 설명할 수 있다고 해서, 방언이 하늘에서 내려오지 않은, 단순히 인간의 심리적 불안 상태에서 일어난 일이요, 사람들 간의 알력 관계에서 일어난 현상으로만 보는 것에는 문제가 있다. 성경에 나오는 영적인 현상을 여러 학문적인 틀로 보는 것이 가능하다고 해서 영적인 현상이 없다고 보는 것은 잘못된 것이다. 이것은 예수의 구속 사역을 정치적 차원으로만 해석한다거나, 요한이 말하는 중생을 심리적인 차원으로만 보는 것과 맥을 같이한다.

    통계적으로 볼 때 방언이 사회적으로 민초 신자들에게서 더 많이 나타나는 현상이라는 것을 어느 정도 인정할 수 있다. 이른바 민초 교단인 순복음교회에서 방언 운동이 처음으로 전개되어 확산된 것도 우연이 아니다. 당시 민초들이 방언을 체험하는 데 더 적합한 마음의 상태를 가졌다고도 볼 수 있다. 하지만 "방언=민초들의 하소연"이라는 등식을 끌어내는 것은 적절하지 않다. 과거에 순복음교회가 방언 운동을 주도하던 시대에서, 이제는 경제적으로 안정된 중산층의 교회와 교파가 운동을 주도하는 것만 보아도 위의 단순한 등식은 성립하지 않음을 알 수 있다.

방언은 어떤 사회적 계층에만 집중적으로 나타나는 영적 현상이 아니라 방언에 대해서 마음이 열린 집단에서 광범위하게 나타나는 것으로 보인다. 필자가 대학생 시절 다니던 교회는 강남구 대치동에 위치했는데, 청년부원의 절반 정도가 이른바 SKY로 불리는 명문대 학생이었다. 그런데 그곳에서 놀라운 방언 운동이 일어나 청년부 구성원 대다수가 방언을 체험했다. 그들 대부분은 경제적으로 중산층 출신이었다. 방언을 그렇게 많이 체험할 수 있었던 것은 아마도 방언의 은사를 중요시하는 청년부의 분위기에서 기인했을 것이다. 그 교회에 처음 나온 청년들도 아무 거부감 없이 다른 청년들을 따라 방언 은사를 사모하게 되었기에, 대부분이 그 은사를 체험하게 된 것이다. 여기서 방언 체험은 사회적 계층과 거의 무관했다.

일전에 필자는 성균관대학교 기독교 동아리 겟세마네의 초청을 받아 여름 수련회를 인도했었다. 그때 방언에 대해서 설교했는데 여러 젊은이가 방언을 체험했다. 그 동아리는 본래 기도의 영성을 강조하는 동아리였고 창립 초기에는 구성원 대부분이 방언을 했었다고 한다. 그런데 어떤 사건을 통해 방언을 경원시하게 되었고, 그 후에는 방언이나 기도를 강조하는 강사보다는 말씀을 잘 분석하고 가르치는 분들을 수련회 강사로 초빙하게 되었고, 방언 체험이 거의 일어나지 않았다고 한다. 그러던 차에 기도와 방언의 영성을 회복하고자, 필자를 수련회 강사로 초청했던 것이다. 필자는 방언에 대해서 긍정적으로 설교했고, 많은 사람이 방언을 사모해서 실제로 체험했다. 이들은 자신들의 초기 영성을 찾았다고 매우 기뻐했다. 방언을 대하는 입장과 태도가 방언을 체험하는 데 더 근본적인 조건이다. 그 구성원의 사회적 계층은 핵심 변수가 아니다.

방언을 사회적으로 낮은 계층의 하소연이라고만 보는 것은 영적인 현상을 사회·경제적 현상만으로 보는 감소주의적 해석이다. 또 민초를 무시하는 해석이기도 하다. 민초의 영적인 체험을 심리적인 이상 상태에서 생긴 것이라고 한다거나, 말을 할 수 없어 이상한 말이 그냥 튀어나온 것이라는 주장은 민초의 아픔을 진정으로 나누는 태도가 아니다. 오히려 이들이 체험한 방언이 성경적임을 인정해 주고 격려하면서 이들이 성령의 인도함 가운데 깊은 영적인 세계로 들어가도록 도와주는 것, 그것이 기독교 지도자들이 해야 할 일이 아닐까?

2. 방언은 하찮은 은사인가?

우리 교계에서는 방언이 사탄으로부터 왔다든지, 아니면 심리적으로 불안한 상태에서 그냥 뇌까리는 말이라든지, 혹은 가난한 민초가 하소연할 데가 없어 이상한 말이 자기도 모르게 튀어나오는 것이라는 등 이렇게 방언을 적극적으로 부정하는 목소리는 크지 않다. 대신에 방언을 인정하면서도 방언이 뭐 그리 대단한가 하는 소극적 인정의 태도를 보이는 경우가 많다. 바울이 방언을 인정한 것은 방언을 적극적으로 수용한 것이라기보다는 방언으로 인해 문제가 생긴 고린도교회를 꾸짖기 위해 마지못해 수사적으로 인정한 것이라는 입장이다. 그렇다면 바울이 진짜 방언을 하찮은 은사로 취급했는지를 고찰해 보자.

바울은 방언을 하찮은 은사로 취급했는가?

사람들은 바울이 방언을 하찮은 은사로 취급한 증거로 바울이 은사를 열거할 때마다 방언을 마지막에 말했음을 예로 든다(고전 12:8-10, 28-30; 14:26). 특히 바울이 은사 혹은 직분을 언급할 때는 첫째, 둘째, 셋째라는 서수를 사용하는데 여기에서 방언이 맨 마지막에 나오는 것을 보면 방언의 은사가 은사 중에서 가장 미미하다는 증거라는 것이다. 이 주장은 상당히 설득력 있게 받아들여졌다. 하지만 고린도전서 12-14장에서 바울이 은사를 설명하는 기본 논조를 보면 이 주장이 맞지 않음을 알 수 있다.

고린도전서 12-14장에서 바울은 은사에 대한 태도와 실행에 대해서 고린도교회 교인들을 꾸짖고 있다. 우선, 은사를 파당적으로 생각하는 태도를 꾸짖는다. 바울은 여러 은사를 열거하기에 앞서 은사가 모두 한 성령으로부터 주어졌음을 강조한다(12:4). 고린도교회는 영향을 받은 사람에 따라 바울파, 아볼로파, 게바파, 심지어 그리스도파로 나뉘었듯이(1:12), 예언파, 방언파, 신유파 등으로 나뉠 위험에 처했다. 특히 은사에 관해서는 무엇이 더 중요하고 상위에 있는지 서로 싸우고 있었다. 바울은 그리스도인은 그리스도가 몸인 교회의 지체이고, 각 지체가 경험한 각각의 은사에는 근본적으로 위계가 없음을 비교적 상세하게 논증하고 있다(12:12-26). 그러므로 은사에 위계가 있다고 전제하고 방언의 은사를 가장 낮은 단계로 취급하는 것은 바울의 입장이 아니다.

바울은 사랑을 최고의 은사라고 말했는가?

"바울이 열거한 아홉 가지 은사에는 위계가 없다 하더라도 이른바 '최고의 은사'인 사랑보다는 열등하다고 취급한 것은 아닌가?"하는 의문이 있다. 바울은 고린도전서 12장을 마무리하면서 이렇게 말한다. "너희는 더욱 큰 은사를 사모하라. 내가 또한 가장 좋은 길을 너희에게 보이리라"(12:31). 이어서 바울은 13장에서 사랑을 말한다. 그러므로 바울이 여러 은사 중에서 가장 큰 은사를 말하고, 이어서 사랑을 언급하는 것을 볼 때 사랑을 최고의 은사라고 제시한 것이라고 한다.

하지만 문맥 성경만 보아도 위와 같은 주장은 맞지 않음을 어렵지 않게 알아차릴 수 있다. 많은 현대 번역본에서 보면 고린도전서 12:31은 두 부분으로 나뉜다. 상반절 "더욱 큰 은사"를 사모하라는 것은 12장의 결론이고, 하반절 "가장 좋은 길"에 대한 것은 13장에 걸린다. 바울은 은사에 대해서 상술한 후 결론적으로 여러 은사를 적극적으로 사모하라는 취지로 "더욱 큰 은사(들)"-바울이 어떤 특정 은사를 최고의 은사로 취급한 것이 아님-를 사모하라고 하면서, 동시에 은사를 사용해야 하는 최고의 길을 명시한다. 그것은 다름 아닌 사랑이다.

또 사랑이 가장 큰 은사가 아님은 문법적으로도 분명하다. 고린도전서 12:31에서 바울은 "더욱 큰 은사들"(복수 명사)을 사모하라고 했고, 그 은사가 활용될 "가장 좋은 길"(단수 명사)을 보여 주겠다고 하면서, 고린도전서 13장에서 은사가 활용되는 길인 사랑(단수 명사)을 말한다. 그래서 여기서 "더욱 큰 은사"는 "사랑"이 아니다.

또한 바울은 사랑이 방언보다 절대적으로 더 좋은 것이라고 말하지도 않는다. 우리는 흔히 고린도전서 13장을 사랑의 찬가라고 해서, 바울이 사랑을 독립적으로 찬양했다고 취급하지만 여기서 바울이 말하려고 했던 주제는 은사, 특히 방언의 은사와 사랑의 관계에 대한 것이었다. 바울의 요지는 사랑이라는 길을 따라가지 않으면 은사는 무용지물이 된다는 것이다. 은사는 사랑의 길을 따라 사용되어야 한다는 것이다. 곧 바울의 주장은 은사 무용론이 아니라 오히려 사랑의 길을 따라 은사를 적극적으로 사용하라는 바른 은사 활용론이다. 이것은 13장의 결론이요, 14장의 서론이라고 할 수 있는 1절에서도 명확히 나타난다. "사랑을 추구하며 신령한 것을 사모하되." 바울은 사랑과 은사 중 어떤 것도 희생시키지 않고 양자가 교회의 삶 가운데 다 있어야 함을 역설한다.

바울은 예언을 방언보다 더 좋은 은사라고 추천했는가?

바울이 방언보다는 예언이 더 좋은 은사라고 생각했기에 예언을 더 적극적으로 추천했다고 보는 사람들도 있다. 고린도전서 14장을 얼핏 보면 그렇게 생각할 수도 있다. 바울은 신령한 은사를 사모하라고 하면서 그중에서도 특히 예언을 하라고 말한다(14:1, 5). 심지어 "만일 방언을 말하는 자가 통역하여 교회의 덕을 세우지 아니하면 예언하는 자만 못하니라"(14:5b)고 말하기까지 한다. 여기서 바울은 은사에 있어서 우열을 말하는 것 같다. 하지만 자세히 보면 여기에는 조건이 있다. 방언이 통역되지 않은 상태에서 교회에서 행해지면 거기에는 아무 유익이 없기 때문에, 효과에 있어서 그것을 통해 다른 신자에게 유익을 주는 예언만 못하다는 것이다. 바울이 예언과 방언을 비교할 때 그 효과를 말하고 있을 뿐 그 본질을 말하고 있는 것이 아니다.

바울은 통역이 되지 않는 상태에서 방언이 교회 예배 가운데 말해지는 것을 상당한 정도로 경계를 하고 있다. 심지어 이때의 방언은 구약성서에서 불신자들에게 행해진 심판의 표지라고까지 말한다(14:21-22). 그래서 교회 안에서 신자들의 신앙 함양을 위해서는 예언이 사용되기를 적극적으로 권한다. 방언 사용을 금지한 것이 아니다. 개인 기도로서는 자신도 그 어떤 사람보다도 방언으로 기도를 많이 하는 것에 자부심을 가졌다고 하면서(14:18), 동시에 교회에서는 공적으로 방언을 하면 반드시 통역이 되어야 함을 역설한다(14:13, 27-28). 결론적으로 바울은 예배 시간에 있어야 할 요소로서 방언과 예언 모두를 인정하면서 각각을 사모하고 금하지 말라고 한다(14:40).

3. 현대 교회의 방언은 모두 '가짜'인가?

방언을 반대하는 주요 입장 중 하나는 방언 중지설이다. 고린도전서 13:8에서 바울이 방언이 미래에 그치리라고 했는데, 그것이 이미 실현되었다는 것이다. 하지만 이 구절에서 방언이 그치는 시점은 종말이라는 데 신약학자들이 일치된 견해를 가지고 있다. 중지설의 성서적 근거는 매우 미약하다. 그들의 주장은 교회사적으로 볼 때 방언이 일세기에 그쳤다거나, 혹은 조직신학에서 계시라는 개념으로 볼 때 그들이 계시라고 보는 방언이 더 이상 필요 없게 되어 그쳤다는 것으로 대개 귀결된다. 하지만 이러한 결론은 성서에 결코 나오지 않는다. 이 주장은 성서적 정당성을 확보하지 못했기에 그 영향력도 제한적이었다.

그런데 방언을 반대하는 목소리 중 또 다른 하나는 방언 중지설이 아니라 이른바 현대 교회가 말하는 방언이 가짜라는 주장이다. 바울이 가르친 방언은 현대 교회에서 하는 것과 같은 방언이 아니라는 것이다. 이는 이미 외국 학자들이 주장해 왔고, 목회자인 이창모의 『방언, 그 불편한 진실』(2014)에 잘 나와 있다. 그 주장의 요체는 현대 교회에서 하는 방언은 바울이 말하는 성령의 은사 중 하나인 방언이 아니며 오히려 바울이 그렇게 반대했던 고린도교인들이 했던 것과 같은 방언이라는 것이다. 그 근거는 방언의 은사는 설교자의 언어를 모르는 외국인들을 위해 외국어로 말하는 은사였는데, 현대 교회의 방언은 이창모가 말하는 "영음"이라고 하는 상징 언어(glossolalia)라는 것이다. 그것은 뜻도 없고 규칙도 없는 이상한 말로, 바울이 반대했던 것이라는 것이다. 현대 방언하는 사람들은 이것을 흔히 방언 기도로 생각하는데, 바울은 그것을 반대했고, 결국 방언을 방언 기도로 보는 현대의 방언은 모두 가짜라는 것이다.

이러한 주장은 현대 교회에서 하는 방언을 전부 부정하는, 매우 대담한 수준이다. 이창모는 매우 교조적으로 이러한 주장을 펼치며 다른 해석의 가능성은 조금도 열어 두지 않고 있다. 어떻게 보면 그의 주장은 방언을 하지 않는 사람들에게 방언을 하지 말아야 할 충분한 성서적 근거를 제공해 주고 있는 것처럼 보인다. 하지만 찬찬히 그의 책을 읽어 보면 그의 주장은 말도 안 된다는 것을 어렵지 않게 발견할 수 있다.

첫째, 저자는 사도행전 2:4에 나오는 방언은 외국어이며 바울이 고린도전서 12:10에서 말하는 방언의 은사도 외국어라고 주장한다. 그 근거는 바울과 누가가 "방언으로 말하다"라는 같은 어구를 사용하는데 성서에서 같은 어구는 같은 뜻이라는 것이다. 또 헬라어 '글로사'는 혀 혹은 언어라는 뜻 이외에 다른 뜻이 없다는 것이다. 하지만 그의 주장과는 달리 성서에서 같은 단어 혹은 같은 어구가 항상 같은 뜻을 나타내지는 않는다는 것은 너무도 자명한 사실이다. 예를 들어, 세상이라는 단어는 요한복음 한 책에서도 하나님의 피조 세계로서 하나님의 사랑의 대상으로도 사용되고(3:16), 교회를 반대하는 세력이라는 의미로도 사용된다(15:18-19). 또 '에클레시아'는 일반 헬라어에서는 '모임'이라는 뜻이지만 신약성서에서는 하나님의 백성의 모임인 교회를 지칭한다.

그러므로 '글로사'가 일반적으로 언어라는 뜻으로 사용되었음을 근거로 해서 방언이 일반 언어 이외에 다른 것을 의미할 수 없다는 주장은 말이 안 된다. 결국 어떤 단어나 어구의 뜻은 실제 용례를 통해서 보아야 하는데 고린도전서 12-14장에 나오는 방언이 일반 언어가 아니라 상징 언어라는 데는 신약학자들이 전부는 아니지만 대체로 동의하는 바다. 바울은 명시적으로 이 방언은 사람이 알아들을 수 없는 소리라고 말한다(고전 14:2).

둘째, 저자는 고린도전서 12-14장에서 바울이 방언 기도에 대해서 절대로 말한 적이 없다고 주장한다. 그 근거로 다음을 제시한다.

    1) 바울은 '글로사'의 복수형은 방언의 은사를, 단수형은 가짜 은사를 가리키는 것으로 양자를 구별한다. 2) 고린도전서 14:2, 4에서 방언이 하나님께 말하는 것이라고 했는데 이는 바울의 주장이 아니라 고린도교회의 주장을 인용한 것이다. 방언은 사람에게 말하는 것이지 하나님께 말하는 것이 아니다. 3) 바울은 성령으로 하는 방언(12:3)과 인간적으로 말하는 방언(14:2)을 구별하고 있고, 후자를 거짓 방언이라고 생각했다. 4) 고린도전서 14:14-15에서 바울이 가정법을 써서 "방언으로 기도하다"라고 말한 것은 그가 방언으로 기도한 적이 없기 때문이다. 5) 고린도전서 14:5a는 모든 신자가 방언을 말하기를 바울이 원했다는 뜻은 아니다(238ff). 이것은 과장되었다(247). 이것은 바울의 생각일지는 몰라도 성령의 생각은 절대 아니다(244). 6) 고린도전서 14:28에서 "자기와 하나님께 말할 것이요"는 "집에 가서 혼자 떠들고 혼자 들어라"라는 뜻이다(364).

이러한 주장들은 사실 성서적·신학적 근거가 없다. 위 주장들을 순서대로 반박하면 다음과 같다. 1) 바울이 단수형과 복수형을 사용해서 참방언과 거짓 방언을 구별해서 말했다는 것은 어불성설이다. 주어가 단수일 때 단수형을, 복수형일 때 복수형을 사용했을 뿐, 단복수형을 진위의 형태로 사용한 것은 아니다. 2) 고린도전서 14:2, 4은 바울이 말한 것이 아니라 그가 반대하는 고린도 교회의 주장을 인용했다는 것은 말도 안 된다. 당시에 인용부호는 없었지만 바울은 다른 사람의 말을 인용할 때와 자신의 말을 할 때 이 둘을 분명히 구분했다. 3) 고린도전서 14:2에서 "영으로"는 "성령으로"도 될 수 있고 혹은 "사람의 영으로"도 될 수 있다. 하지만 그 어떤 것도 "성령으로" 혹은 "하나님의 영으로"와 반대되지는 않는다. 바울이 "영으로"와 대척 개념으로 삼고 있는 것은 개역개정판에서 "마음으로" 번역한 "이성으로"다(고전 14:15-16). 4) 가정법을 사용했다고 해서 바울이 이를 실제로 하지 않았으리라는 주장 역시 근거가 없다. 5) 이러한 주장은 본문을 반대로 해석한 것이다. 나아가서, 성령의 영감을 받은 바울의 생각이 성령의 생각이 아니었다는 것은 어불성설이다. 6) 여기서 "자기와 하나님께"에 대척된 개념은 "교회에서"다. 그렇다면 이것은 개인적으로 혼자 방언하라는 뜻이다.

사실 성경을 있는 그대로 문자적으로 쭉 읽어 내려가면 이창모와 같은 주장은 할 수가 없다. 다만 우려되는 점은, 방언을 반대하는 이들이 이렇게 근거가 미약한 주장을 자신들의 신념을 지키기 위해 무턱대고 받아들이지는 않을까 하는 것이다. 저명한 신약학자요 경건한 신앙인인 막스 터너는 신약성서의 방언과 현대의 방언 현상을 연구한 후 이렇게 말했다. "…오늘날의 방언이 바울이 알고 있던 것과 동일한 현상이 아니라는 교조주의가 들어설 여지는 없다…"(『성령과 은사』, 2011, 549-550).

4. '마귀 방언'도 있는가?

방언이 활발히 나타나는 현장에는 으레 이런 풍문이 떠돈다. '마귀 방언도 있다더라.' 과연 마귀 방언이 있는가? 이 질문에 답하려면 당시 이방 종교들 혹은 유대교에 이러한 현상이 일어났었는지를 검토해야 한다. 또 우리는 현대 세계에서 기독교 이외의 고등 종교나 무속 신앙에서 이런 현상을 찾아볼 수 있는가 하는 질문도 할 수 있다. 만약 비슷한 체험이 있다면 이것과 마귀 방언과의 관련성도 검토해야 한다.

고대 이방 종교에 방언이 있었는가?

당시 헬라 종교에는 바울이 표현한 방언과 비슷한 현상이 있었을까? 특히 델피 신전의 예언 행위나 그레꼬-로마 전통의 종교에서 행해지는 신탁은 방언과 비슷했을까? 학자들은 고대 세계에서 방언과 비슷한 현상이 나타난 예로 마리 문서, 벤-아몬, 카산드라, 디오니시우스 제의, 델피의 신탁 등을 든다. 하지만 이 분야를 철저히 연구하여 『신약의 방언』이라는 연구서를 낸 호벤덴(Gerald Hovenden)은 "그레꼬-로마 배경에서 신약의 방언과 분명히 부합하는 것은 거의 찾아볼 수 없다"고 역설한다. "신약의 방언과 부합되는 것은 양자 공히 초자연적 출처를 가지고 있다고 믿는 것뿐이다"(G. Hovenden, *Speaking in Tongues: The New Testament Evidence in Context*, 30). 바울이 말하는 방언이 신을 향하여 사람들이 알아들을 수 없는 말을 하는 것이라면, 앞의 모든 현상은 기본적으로 예언자가 신탁을 받아 자기도 알고, 그 신탁을 듣는 사람도 알아들을 수 있는 말을 하는 것이다. 이 현상은 오히려 바울이 말한 예언과 비슷하다. 고대 이방 종교에서 방언과 동일한 것은 찾을 수 없다.

구약이나 유대교에 방언이 있었는가?

바울이 방언을 말하기 전에, 구약 시대나 중간 시대 혹은 신약 동시대에도 방언이 존재했었을까? 혹은 이에 관한 어떤 언질을 줄 만한 배경이 있을까? 우선 구약성서에는 단순한 이성에서 근원한 것이 아닌, 영감을 받아 말을 하는 사건이 많이 언급된다. 사무엘이 이스라엘의 첫 번째 왕인 사울에게 기름을 부을 때 사무엘은 사울이 예언할 것을 선언한다(삼상 10:6). 실제로 사울은 다윗을 잡으러 라마 나욧에 이르러 예언을 했다(삼상 19:20-24). 예언이란 영감을 받아 하는 말을 뜻한다. 영감받아 하나님께 기도하는 방언과는 다른 것이다.

다음으로 이사야 28:11에는 "다른 방언"이라는 표현이 나온다. 여기서 사용된 방언이라는 단어는 신약에서 말하는 성령의 영감으로 나타나는 방언이 아니다. 하나님께서 마음이 굳고 유치한 이스라엘 백성에게 어린아이 같은 말과 '다른 언어'(아마도 앗시리아어)로 말씀하시겠다는 뜻이다. 또 유대교 문서『욥의 유언』에 보면 욥의 딸들이 영감받아 말하는 내용이 나오는데 그 내용은 하나님을 찬양하는 것이었다. 전혀 알아들을 수 없게 하나님께 기도하는 것이 아니라 영감받은 언어로 다른 사람도 알아들을 수 있게 하나님을 찬양하는 것이다.

결국 우리는 호벤덴을 따라, 유대교에 방언이 있었는가 하는 질문에 다음과 같이 결론을 내릴 수 있다. 1) 당시 인간 중재자들을 통해서 하나님이 사람들과 소통하실 수 있다는 기대감이 있었다. 2) 그 소통은 자발적이고 하나님께 향했다. 3) 이 말들이 방언 혹은 실제 언어였는지에 대한 결정적인 증거는 없다"(Speaking in Tongues, 53). 결국 구약과 유대교에는 신약에 나오는 방언과 같은 것이 없었다.

현대 다른 종교에 방언이 있는가?

심리학자들과 종교학자들에 의하면 기독교뿐만 아니라 다른 종교 혹은 무속 신앙에도 그 종교의 신자가 무아지경에 빠져 알아들을 수 없는 말로 영감을 받아 말하는 현상이 있다고 한다. 그런 현상은 얼마든지 있을 수 있다. 그렇다면 교회에서 일어난다고 해서 모두 기독교적 방언이라고 할 수는 없지 않는가 하는 질문을 당연히 할 수 있다. 성령의 역사 가운데 악령이 틈타 이른바 마귀 방언을 말할 수도 있지 않은가? 마귀가 영물이고, 선한 것을 가장하여 흉내 내는 데 명수이기 때문에 이론적으로만 말하면 마귀 방언은 얼마든지 가능하다.

하지만 우리가 '마귀 방언도 있다더라'라는 말을 들었다면 방언에 대해 어떤 태도를 취하게 될까? 아마도 성경이 가르치는 것과는 반대로 방언을 사모하지 않고 경계하게 될 것이다. 예를 들어, 요구르트에 독극물을 넣었다는 소문이 퍼지면 그 소문의 진위 여부를 확실히 알게 될 때까지 요구르트를 사먹지 않게 되는 것처럼 말이다. 그렇다면 마귀 방언에 대한 의문이 해소될 때까지 방언 체험하는 것을 중단하고 기다려야 할까? 결코 아니다. 비록 어떤 경우에는 마귀가 미혹할 때도 있겠지만 신자는 이를 두려워해서는 안 된다. 바울은 고린도교회의 방언에 대해서 깊이 있게 다룬 후에 앞으로 의혹이 해소될 때까지 방언을 사용하지 말라고 하지 않고 오히려 적절하게 질서를 유지하면서 방언을 계속하라고 권면한다(고전 14:40).

바울은 마귀 방언이라는 말을 사용하지 않았다

우리는 바울이 마귀 방언이라는 말을 사용하지 않았다는 점을 유의해서 볼 필요가 있다. 흥미롭게도 바울은 마귀 방언이 아니라 '천사(들)의 방언'을 언급했다. 고린도전서 13:1에서 바울은 사랑이 없는 방언은 소용이 없다는 의미에서 "사람들의 방언과 천사들의 방언"(개역개정 "사람의 방언과 천사의 말")이라는 표현을 사용한다. 여기서 "천사들의 방언"이란 천사들이 쓰는 말이다. 바울은 사람이 천사들의 말을 할 수 있다는 가정을 하면서 그렇다고 해도 사랑이 없으면 그 방언이 아무 소용이 없음을 강조한다. 신자가 천사들의 방언을 한다는 것은 아마도 높은 경지의 영적 체험을 말하는 것 같다. 그런데 바울은 고린도교회의 방언 문제가 논란이 되었음에도 불구하고 그들의 방언이 혹시 마귀에서 근원했을지는 전혀 고려하고 있지 않다. 바울은 '마귀 방언'이라는 표현을 쓰지 않았다. 그들의 방언이 성령으로부터 근원했음을 자명하게 여기면서 바울은 방언이 사랑과 함께 가야 함을 역설한 것이다. 바울에게 있어서 마귀 방언이라는 개념은 없다.

우리도 방언을 말할 때 마귀 방언 운운할 필요가 없다. 성령의 은사 중에 영 분별의 은사가 있으므로, 잘못된 것은 당연히 이 은사를 통해서 분별하면 된다. 방언을 사모하는 사람들에게 마귀 방언을 말하는 것은 앞에서도 말했지만 요구르트를 막 마시려고 하는 사람에게 단순한 가능성만 가지고 요구르트에 독극물이 들어 있을지도 모른다고 말하는 것과 같다. 물론 그런 위험이 있으면 당연히 말해 주어야 한다. 하지만 바울은 교회에 독극물을 분별할 수 있는 은사를 하나님이 주셨다고 말한다. 그러므로 모든 신자는 성령의 인도함에 따라 안심하고 방언을 비롯한 여러 은사가 교회와 개인에게 나타나기를 사모해야 한다. '마귀 방언', 이 말은 방언을 사모하지 못하게 하기 위해 마귀가 퍼뜨린 말이 아닐까?

5. 방언은 불신앙의 표지인가?

"율법에 기록된바 주께서 이르시되 내가 다른 방언을 말하는 자와 다른 입술로 이 백성에게 말할지라도 그들이 여전히 듣지 아니하리라 하였으니 그러므로 방언은 믿는 자들을 위하지 아니하고 믿지 아니하는 자들을 위한 표적이나"(고전 14:21-22). 아마도 이 구절이 바울의 방언관을 이해하는 데 있어서 최대의 난제일 것이다. 이 구절을 언뜻 보면 바울이 방언을 불신앙의 표지라고 여기고 있기 때문이다. 어떤 사람이 방언을 한다는 것은 그것 자체가 불신앙을 나타낸다는 것이다. 바울은 구약에서 방언이라는 단어가 나온 구절을 언급하면서, 방언을 말하는 것은 하나님이 그의 백성을 심판함을 의미한다고 논증하고 있다. 사실 많은 학자가 이 구절을 근거로, 바울이 방언을 매우 나쁘게 보았으며, 방언을 일부 인정한 것은 논의 과정에서 수사적 정책이었다고 주장한다. 바울이 방언을 적극적으로 부정했다는 것이다.

고린도교회의 상황과 바울의 답변

이 문제를 해결하기 위해서는 무엇보다도 고린도전서 12-14장에서 바울이 방언을 상술하면서 독자를 설득해 나가는 상황과 논법을 잘 따라가야 한다. 고린도교회에는 성령의 은사가 풍성하여 예배 가운데 여러 은사가 나타났다. 그런데 신자들 사이에 은사에 대한 우열 논쟁이 있었다. 특히 방언을 하는 신자들이 하나님과의 직접적인 소통이라고 생각해서 더욱 우쭐대며 자신들의 영적 우월성을 나타내기 위해 예배 중에 중구난방으로 방언을 했다. 그래서 불쾌감을 느끼는 신자들도 있었고, 그곳을 방문한 불신자들 혹은 은사를 잘 모르는 무지한 사람들은 미친 짓을 한다고 보았다.

이에 대해서 답변한 것이 고린도전서 12-14장의 내용이다. 바울은 모든 성령의 은사의 출처가 한 성령이라는 것을 가르친다(12:4-11). 또 각 성도는 그리스도가 몸인 교회의 하나의 지체로서 구성원을 이루기 때문에, 어떤 신자도 지위 고하에 상관없이 그리스도 안에서 하나 됨을 이루어야 한다고 말한다. 오히려 낮은 지체에게는 주께서 존귀를 더하여 전체를 고르게 하는 것이 하나님의 방법이다(12:12-26). 그래서 하나님은 교회에 여러 직책과 은사를 주셨고 각자는 그 직책과 은사를 통해서 서로를 섬겨야 한다(12:27-31a). 그런데 그 은사는 사랑의 길을 통해서 사용해야만 효과가 나타난다(12:31b-13:13).

이제 바울은 방언과 예언을 구체적인 예로 들어 어떻게 사용해야 하는지를 보여 준다. 바울은 방언과 예언은 모두 신령한 은사인데 방언은 방언을 하는 사람 개인의 신앙 함양을 위해, 예언은 예언하는 사람이 아니라 예언을 받는 다른 신자에게 유익을 주는 은사라고 말하면서 양자를 모두 사모하라고 한다. 그런데 교회 안에서 공적인 모임을 가질 때 방언을 통역 없이 말하면 듣는 사람에게 아무런 의미 없는 단어를 뇌까리는 것이 되므로 되도록 예언을 하고 방언을 하려면 통역을 대동해야 한다. 통역 없는, 즉 알아들을 수 없는 방언을 공적으로 말하는 것은 무의미하다(14:6-19).

여기서 말하는 방언이란 무엇인가?

지금까지 바울이 전개한 논지를 따라가자면 고린도전서 14:20-25에서 말하는 방언은 개인 기도로서의 방언이 아니라 통역 없이 공적으로 말하는 방언이다. 이전이나 이후의 구절에서 바울이 방언을 포함해서 어떤 은사 자체를 부정적으로 묘사한 경우는 없다. 은사는 성령의 선물이므로 그 자체로 선하다. 은사의 성격상 나쁜 은사는 없다. 바울이 여기서 부정적으로 평가한 것은 통역이 되지 않고 통제가 되지 않게 공적 예배 가운데 사용된 방언이다.

바울은 공적 모임에서는 알아들을 수 있는 말 다섯 마디가 못 알아듣는 방언 일만 마디보다 더 낫다고 말한다(14:19). 바울은 이런 의미에서 하나님의 말씀을 못 알아듣는 것은 일종의 심판이라고 생각하며 구약의 한 구절을 예로 든다. 사실 여기서 인용된 이사야 28:11은 바울이 지금까지 언급한, 신자가 하나님께 대한 기도로서의 방언이 아니다. "다른 방언"이라는 말과 "다른 입술"이라는 단어를 언급하면서 바울은 이것을 못 알아듣는 방언과 비교하고 있다. 본래 이 말이 언급된 역사적 정황은 신약의 방언과는 거리가 멀다. 하나님께서 계시를 받아들이지 않는 이스라엘 백성에게 이스라엘이 이방 언어로 여기는 앗시리아 언어로 말하신다는 것이다. 이스라엘 백성이 전혀 알아들을 수 없는 말로, 마치 성도들이 통역이 없이 공적으로 방언을 할 때의 청중과 같은 처지다.

바울은 고린도교회의 상황과 이 본문의 연관성을 깊이 묵상하는 가운데 자신의 상황에 맞게 이 본문을 다음과 같이 이해했다. 이사야 본문은 오만한 지도자들이 선지자의 말을 듣지 않고 애굽과 동맹을 맺어 자신들의 안전을 도모할 때 하나님은 전혀 알아들을 수 없는 말로 백성에게 임하시게 될 것이라는 뜻이다. 알아들을 수 없는 말, 즉 방언은 불신앙에 대한 심판을 의미한다. 알아들을 수 없는 말은 계시의 단절을 의미하며 심판이요 정죄다. 마찬가지로 사람들이 예배 시간에 알아들을 수 없는 말로 중구난방으로 말하면 곧 심판과 정죄의 표시가 된다는 것이다.

바울이 말하는 방언이 통역되지 않은 상태로 공적 모임 가운데 사용된 것임은 이후의 논증을 통해서도 분명해진다. 바울은 청중이 알아들을 수 있는 예언을 통역되지 않은 방언과 비교하고 있다 (14:22b). 바울은 모일 때 모두가 방언을 하면 이것을 알아듣지 못하는 청중에게 혼란을 주지만, 모두가 예언을 하면 청중이 회개에 이를 수 있다고 한다. 바울은 공적 예배에서 알아들을 수 있는 말을 하는 것의 중요성을 논증하고 있다.

예배에서 방언과 통역을 하는 법

만약 바울이 방언 자체를 불신앙을 나타내는 표지로 보았다면 이후의 바울의 논증은 방언 폐기론이 되어야 하겠지만 바울은 예배 중 방언의 바른 사용법을 논하고 있다. "(예배 가운데) 누가 방언으로 말하거든 두 사람이나 많아야 세 사람이 차례를 따라 하고 한 사람이 통역할 것이요. 만일 통역하는 자가 없으면 교회에서는 잠잠하고 자기와 하나님께 말할 것이요"(고전 14:27-28). 더 설명할 것도 없이 여기에서 바울은 방언이 예배 가운데 통역과 함께 사용되면 유익하다는 것을 말하고, 먼저 방언을 말하고 그다음에 차례대로 통역이 뒤따라야 하며 통역이 없는 경우에는 예배 가운데서는 방언을 하지 말고 혼자 기도할 때 해야 한다고 말한다.

한마디로 말해, 바울은 방언 자체를 불신앙의 표지로 보지 않았다. 다만 통역되지 않은 방언을 공적 예배에 사용하면, 하나님께서 불순종하는 그의 백성에게 알아들을 수 없는 말을 할 때 심판의 메시지가 되듯이 청중에게 아무런 계시가 되지 않는 무익한 말이 된다.

6. 방언은 이제 중지되었는가?

방언에 대한 입장에 있어서 가장 먼저 살펴보아야 할 것이 방언 중지설이다. 방언은 그쳤는가? 방언 중지설, 이것은 방언 문제를 다루는 데 있어서 결코 간과되어서는 안 되는 중요한 문제이다. 바울이 방언 문제를 집중적으로 다루는 고린도전서 13:8에도 "방언도 그치고"라는 어구가 나오기 때문에 우리는 이 질문을 심각하게 던질 필요가 있다. 20세기 초에 이 문제를 신학적으로 심각하게 질문했던 신학자 워필드(Benjamin B. Warfield)는 단도직입적으로 이렇게 말했다. "이 은사들(고전 12-14장에 나오는 초자연적 은사들)은 분명히 사도들에 대한 확증이었다… 그러므로 이 은사들의 기능은 분명히 사도 시대의 교회에 국한된 것으로 사도 시대의 교회와 더불어 사라질 수밖에 없었다"(*Miracles Yesterday and Today*, 6). 워필드의 신학을 이어받은 신약학자 리처드 개핀(Richard B. Gaffin, Jr.)도 "신약성서의 교훈을 종합해보면 예언과 방언은 그리스도의 재림 전에 중지되었으며 사실 이미 중지되었다는 결론을 내릴 수밖에 없다"고 주장한다(『성령 은사론』, 103). 은사 문제에 대한 세대주의자들인 월부우드(John F. Woolvoord, 『성령』)와 엉거(Merril Unger, *The Baptism and Gifts of the Holy Spirit*, 139)도 방언의 은사와 같은 기적적인 은사는 사도성을 표지하는 은사이기 때문에 사도들이 사라짐과 함께 이러한 은사들도 그쳤다고 주장한다.

그러나 고린도전서 12-14장에 나오는 초자연적 은사가 사도들에게만 주어진 은사라는 것은 바울이 고린도전서를 기록한 목적과 정황을 완전히 무시한 것이다. 바울은 여기에서 은사를 언급하면서 사도 문제에 대한 어떤 단초도 제공하지 않는다. 바울이 이 부분을 쓴 이유는 고린도교회 안에서 이루어지는 은사 문제로 인한 혼란을 바로잡고 은사를 제대로 사용하는 법을 가르치려고 한 것이다. 또 이 은사가 주어진 목적을 보면 사도들 혹은 사도 시대에만 한정된 것이라는 주장은 어불성설이다. 성령의 은사가 주어진 목적이 공동체 곧 교회의 유익을 위한 것이기 때문에 이 은사는 교회와 생사를 같이하는 것이라고 보아야 한다. 우리말로 "유익하게 하려 함이라"고 번역된 말은 사실 공동의 유익을 위함이라고 번역하는 것이 더 적절하다(고전 12:7). 유익하게 하려 함이라는 단어에 '공동의'라는 의미의 헬라어 접두어 '순'이 붙어 있기 때문이다. 여기서 '공동의'는 다름 아닌 '교회의'이다. 그러므로 방언은 교회 시대에 사용하도록 주어진 은사이다.

또 방언이 그쳤다고 주장하는 세대주의자들이 성경적 근거로 고린도전서 13:10의 '온전한 것'이라는 문구를 말한다. 이 어구가 신약성서의 완성을 의미하기 때문에, 기적의 은사들은 신약성서의 완성의 때까지만 필요했고, 지금은 당연히 필요도 없고 실제로 그쳤다고 한다. 하지만 이 주장은 신약성서 학자들의 지지를 거의 받지 못한다. 여기서 '온전한 것'이 무엇을 의미하는지는 고린도전서 주석을 쓴 리처드 헤이스(Richard B. Hays)의 글에 잘 나타나 있다.

> 세대주의 그리스도교 그룹에서는 종종 10절의 '온전한 것'(to teleion)이 신약성서 정경의 완성과 그 닫음을 가리킨다고 주장하면서, 카리스마적 은사들은 오직 사도 시대에만 해당되며, 현재 교회에서 그 기능은 중단되었다고 생각한다. 이런 해석은 단도직입적으로 말도 되지 않는다. 이 단락 어디에도 '신약성서'에 대한 언급이 없으며, 교회 내의 계시성 은사에 대한 미래의 취소 예고도 없다. 또한 바울은 이스라엘의 성경이 정경적 글의 새로운 수집으로 보완되리라는 것에 대한 미세한 암시조차 주지 않는다. 본문(고린도전서 13장) 10절은 완전한 것이 부분적인 것을 대체한다는 일반적 금언을 단순하게 말한 것이다. 은

사들의 폐지에 대한 바울의 언급은(8절) 명백하게 종말론적 언어를 담고 있는 12절의 견지에서 이해되어야 한다. '지금'과 '그때'의 대조는 현 시대와 다가오는 시대의 대조이다(『고린도전서』, 378).

즉 바울이 방언을 비롯한 초자연적 은사의 폐지를 미래형 동사로 표시하며 예언적으로 말한 것은 바로 '그때'(12절)를 가리킴이고 '그때'는 다름 아닌 예수 재림의 때이다. 예수 재림 시에는 방언을 비롯한 교회 시대에만 필요했던 모든 은사는 사라질 것이다. 하지만 교회 시대인 지금은 아직 '그때'가 이르지 않았다.

세대주의자들의 주장대로 만약 방언이 지금 그쳤다면, 현재 전 세계적으로, 또 범 교회적으로 나타나는 방언은 무엇이란 말인가? 이들이 도달할 수 있는 결론은 두 가지 중 하나밖에 없다. 방언을 사람들이 억지로 지어낸 인위적인 언어 행위라고 하든지, 아니면 방언이 성령에서 근원한 것이 아니라 악마에게서 근원한 것이라고 보는 것이다.

실제로 유명한 복음주의 신학자인 제임스 패커(James I. Packer)는 방언의 은사가 인위적으로 습득되는 것이라고 본다. "감정적인 흥분을 동반하기도 하고 그렇지 않기도 하면서 어떤 사람의 삶에서 즉흥적으로 시작되기도 하지만 방언은 정상적으로 배워지기도 하는 것이다… 그리고 이런 식의 익힘을 통해서 사실 방언은 '익혀지는' 것이다"(『성령을 아는 지식』, 274). 어떤 학자들(예를 들어 R. G. Gromacki)은 방언은 팔과 몸의 진동이라든가 호흡하는 자세라든가 "그 권세 아래 있는 상태에 대한 묘사"가 강신술과 동일하다고 하여, 방언을 사탄적 혹은 악마적인 기원을 가진 것으로 본다(『현대 방언운동 연구』, 66).

여기서 우리가 세심하게 분석해서 보아야 할 것은 위와 같이 방언이 인위적이라거나 사탄적이라는 주장은 이 문제에 대한 객관적인 연구 결과에 의해서 도출되는 것이 아니라 방언이 사도 시대에만 혹은 성경 완성 시기까지만 존재했다고 하는 세대주의자들의 어쩔 수 없는 논리적 귀결이라는 것이다. 만약 앞의 주장이 확실치 않다면 그것에 기반을 둔 주장은 자동적으로 의미가 없어진다. 그러므로 방언을 인위적인 것으로 혹은 사탄적이라고 보는 것은 성경적·신학적 근거가 전혀 없다. 혹 다른 종교에 방언 비슷한 것이 있다고 해도 고린도교회와 현대 교회에서 일어나는 방언을 그런 종류의 것이라고 단정 지어서는 안 된다. 어차피 악령도 선한 것을 흉내 낼 수 있기 때문에 현상적으로 비슷한 것은 얼마든지 존재한다. 하지만 그 본질과 출처가 완전히 다른 것이다. 교회 안에서 성령으로부터 주어지는 방언을 강신술(降神術)과 동일하다고 보는 것은 성경과 교회에 대한 모욕이다.

사실 한국 교회 혹은 한국 신학계에서 이 주장은 최근에 나왔다. 그 이유는 서양 교회들과는 달리 우리 교회에서는 방언이 교파를 초월하여 광범위하게 전 교회적으로 일어났고, 우리 한국 교회가 체험적인 것을 좋아하기 때문에 이 주장이 교회와 신학계에 발붙이기가 어려웠기 때문이다. 하지만 기독교 역사상 오랫동안 방언 중지론이 큰 힘을 발휘했다는 것을 잊어서는 안 된다. 이 주장이 성경적 근거와 토대가 거의 없는 것임에도 불구하고, 인간의 심리상 올바른 것보다는 현재의 자기 체험을 정당화하려는 경향성이 많기 때문이다. 방언 중지론, 그것은 이제 중지되어야 할 이론이다.

7. 방언은 은사받은 신자만 체험하는 것인가?

방언 운동이 처음 시작된 것은 1900년 초 미국 흑인 교회에서였지만 1960년대에 이르러서는 전통적인 백인 교회에서도 광범위하게 체험되었다. 우리나라에서도 1960-70년대 순복음교회에서 시작된 방언 운동은 21세기에 이르러서는 전 교단으로 확산되었다. 처음에는 민초 계층의 사람들이 주로 체험했다면 이제는 많은 사회적 명사들도 자신들의 방언 체험을 간증하고 있다.

과거 방언에 대한 반대자들은 주로 초자연적인 영적 현상을 반대하던 자유주의 신학자들과 이른바 말씀 중심 신앙을 가진 일부 복음주의자들이었다. 그런데 이제 방언은 신학과 교파를 초월하여 나타남으로 어느 신학적 전통에서도 더 이상 낯선 것이 아니다. 아직도 방언을 적극적으로 반대하는 신학자들이 있기는 하지만 교회에서는 방언에 대한 태도는 이전보다 훨씬 더 긍정적으로 변했다.

모든 신자가 방언을 체험할 수 있는가?

방언에 대해 바울과 누가가 긍정적으로 말했고, 방언이 우리에게 유익한 것이라면 모든 신자가 방언을 체험할 수 있는가에 대하여 생각해 보자. 고린도전서 12:30에서 바울은 "다 방언을 말하는 자이겠느냐?"는 수사학적 질문을 한다. 물론 답은 "아니다"이다. 많은 사람이 이 구절을 근거로 모든 신자가 방언을 체험할 수 있는 것은 아니라고 한다. 그런데 이 말을 한 바울이 이어지는 논쟁에서 "나는 너희가 다 방언 말하기를 원하나"(고전 14:5)라고 말했다. 바울은 모든 신자가 다 방언으로 기도하기를 소망하고 있는 것이다. 문자적으로만 보면 이 두 말은 모순이다. 하지만 바울이 한 주제로 이어지는 글에서 완전히 모순되는 말을 했다고 보기는 어렵다. 이 문제를 해결하기 위해서는 매우 상세한 주석적 작업이 필요하다.

필자는 이 문제에 대해 이미 논문을 쓴 일이 있다(참고.「신약논단」13[2006년 봄], 169-193). 그 핵심을 간단히 말하면 전자는 교회에서 공적으로 사용되는 방언이고(public tongues), 후자는 개인 기도로서 사용되는 방언이다(private tongues). 공적으로 예배 가운데 하는 방언은 누구나 하는 것이 아니다. 어떤 사람은 방언을 다른 사람은 예언을 혹 다른 사람은 지식의 말씀을 한다. 하지만 개인 기도로서의 방언은 누구에게나 열려 있는 은사이다. 하나님과 영으로 교통하는 은사로서(고전 14:2) 특별한 사람에게만 주어질 필요가 없다. 방언 기도의 은사는 신자이면 누구나 체험할 수 있다.

방언은 연습으로 체험할 수 있는 것인가?

방언의 은사를 체험하는 방법은 무엇일까? "할렐루야"를 연속해서 빨리 발음하다 보면 방언이 된다고 가르친다는 말도 들린다. 물론 이 방언은 성경이 말하는 방언이 아니다. 방언은 성령이 우리의 혀를 직접 통제하여 기도하는 은사이다. 그런데 과거에 기도원 등에서 간혹 "할렐루야"를 하면 방언이 되는 것처럼 말한 적이 있다. 이 말은 잘못된 것이지만, 기도원에서 왜 이런 말을 했겠는가? 인간은 모국어와 방언을 동시에 말할 수 없다. 이 중 하나가 그치고 다른 것이 나오는 것이다. 사람들이 방언을 사모한다고 하면서 아무 말도 안 하거나 모국어로만 기도하기 때문에, 방언을 하려면 모국어를 그치고 성령이 주시는 혀로 말하라는 것을 이렇게 말한 것일 수 있다.

실제로 필자가 방언 집회를 할 때 많은 사람이 찬양을 하면서 목소리를 성령께 맡길 때 방언이 터져 나오는 것을 본다. 이것은 연습해서 나오는 것이 아니다. 필자는 이런 비유를 들고 싶다. 수동식 우물 펌프에서 물을 나오게 하려면 마중물을 넣어야 하는데, 입술을 하나님께 드리는 것은 일종의 마중물을 넣는 것과 같은 것이다. 마중물 자체는 우물 깊은 데서 나온 것이 아니다. 하지만 마중물을 통해서 깊은 데서 물이 나온다. 성령이 우리의 입술을 사용하려 할 때 거부하지 말고 맡기면 놀라운 방언의 은사를 체험할 수 있다.

제2장

방언에 대한 올바른 이해

1. 방언이 꼭 필요한가?

방언 기도는 왜 필요한가? 방언 기도를 하지 않아도 얼마든지 기도를 잘할 수 있지 않은가? 기도는 근본적으로 신자가 자신의 거듭난 이성을 사용해서 하나님께 무엇을 아뢰면서 교제하는 것이기에, 그 기도 형태가 꼭 방언일 필요는 없다. 그런데 바울은 자신이 이성으로 기도할 뿐만 아니라 방언으로도 기도한다고 하면서 양자 모두가 필요하다고 말한다. 바울은 방언으로 기도하면 우리의 영이 열매를 맺고, 이성으로 기도하면 우리의 이성이 열매를 맺기 때문에 우리의 이성과 영이 동시에 열매를 맺으려면 이성으로 하는 기도와 아울러 성령으로 기도하는 방언 기도가 필요하다고 말한다(고전 14:15).

신자의 연약함과 성령의 도움

신자에게 성령의 직접적인 개입으로 이루어지는 방언 기도가 필요한 근본적인 이유는 무엇일까? 해답이 로마서 8:26에 나와 있다. "이와 같이 성령도 우리 연약함을 도우시나니 우리는 마땅히 기도할 바를 알지 못하나 오직 성령이 말할 수 없는 탄식으로 우리를 위하여 친히 간구하시느니라." 신자의 연약함 때문에 방언이 필요한 것이다. 연약함이란 무엇인가? 신자는 기도를 해야 한다는 당위성은 인지하고 있지만, 마땅히 기도할 내용을 알지 못한다는 것이다. 바울이 유대인으로 하나님의 율법을 지켜야 한다는 당위성을 알고 있었지만, 실제로는 실천할 수 없는 능력이 없음으로 인해 느끼는 무력감과 비슷한 것이다(롬 7장). 신자는 마땅히 기도할 바를 몰라 무력감을 느낀다. 이때 성령의 직접적인 도움이 필요하다. 바울은 이 상황에 있는 그리스도인들을 성령께서 직접 도와준다고 말한다.

다른 측면으로 보면 신자가 연약함을 느낄 때 성령의 직접적인 도움의 역사가 나타난다고 할 수 있다. 바울은 성령의 능력을 체험하는 것과 연약함의 주제를 잘 연결시키고 있다. 바울은 자신의 몸에 있는 질병, 연약함을 없애 달라고 기도하였지만 하나님의 응답은 오히려 그 약함 때문에 온전한 능력이 나온다는 것이었다. 그래서 바울은 이렇게 고백한다. "그러므로 내가 그리스도를 위하여 약한 것들과 능욕과 궁핍과 박해와 곤고를 기뻐하노니 이는 내가 약한 그때에 강함이라"(고후 12:10). 바울은 다른 많은 편지에서도 연약함 혹은 고난이 성령의 능력이 역사하는 기회임을 역설하고 있다(골 1:9-11; 살전 1:5-6; 고전 2:3-5).

"말할 수 없는 탄식"과 방언

바울이 말한 "말할 수 없는 탄식"이 방언을 지칭하는지에 대한 문제를 살펴보자. 기도의 주체는 분명히 성령이다. 다음 구절에서도 명확하다. "성령이 하나님의 뜻대로 성도를 위하여 간구하심이니라"(롬 8:27). 그런데 문제는 이 성령의 기도가 성도와는 상관없이, 성도와는 떨어져서 성도를 위한 기도를 하는 것인가이다. 바울은 다른 곳에서 "성령 안에서 기도하라"(엡 6:18)고 말한다. 성령의 인도하심과 도와주심 가운데 기도를 하라는 것이다. 성령이 신자의 연약함을 도와 기도한다는 것은 성령이 개별 신자 안에서 역사하시는 것이다. 성령이 성도를 위해 기도한다는 것은 성도 안에서 성령이 신자를 도와 기도의 내용을 친히 인도하신다는 것이다. 바울은 모든 일에 성령을 따라 행하라고 말하고 있는데(갈 5:16) 기도에 있어서도 마찬가지다.

"말할 수 없는"이라고 번역된 헬라어 '알랄레토이스'가 방언을 지칭하는가는 이 단어가 무엇을 의미하는가에 달렸다. 많은 서구 학자들은 "말 없는"이라고 생각하여, 성령의 기도는 무언의 탄식 기도라고 주장한다. 하지만 탄식이라는 구체적인 표현과 결합된 것을 볼 때 이것이 "말 없는"(혹은 무언의)이라는 뜻이라기보다는 "말로 표현할 수 없는" 혹은 "말의 뜻을 알아들을 수 없는"이라는 이해가 적절한 것이다. 특히 당시의 유대인들의 모든 기도가 큰 소리로 발성하는 것이었기 때문에 소리 없는 기도라고 보기는 어렵다. 이것은 보통 무언으로 묵상 기도를 하는 서양 신자들의 행태이지 1세기 기도의 습관은 아니다. 고린도전서 14:2에서 방언 기도가 성령 안에서 신비를 말하여 아무도 알아듣지 못하는 기도임을 볼 때 이것도 인간의 말로 표현되지 않는 방언 기도를 지칭한다고 볼 수 있다. 바울은 고린도전서 14:15에서 방언으로 기도하는 기도를 영으로 기도하는 것이라고 말하는데, 성령의 탄식 기도가 우리 영 안에서 이루어지고 있는 것이다.

탄식의 방언 기도

바울이 방언을 정의한 "그 영으로 비밀을 말하는 것"(고전 14:2)과 "성령이 말할 수 없는 탄식"으로 기도하는 것의 공통점을 정리하면 다음과 같다. 첫째, 신자의 영 안에서 성령이 직접적인 개입으로 하는 기도다. 둘째, 발성되지만 아무도 알아들을 수 없다. 셋째, 그 효과는 하나님과 직접적인 교통이 이루어져 하나님의 뜻대로 기도하게 된다. 넷째, 기도하는 사람의 이성은 열매 맺지 못하지만 그 영이 열매를 맺음으로 신앙이 성장한다.

신자의 연약함을 돕기 위해 성령의 직접적인 도움으로 기도하는, 알아들을 수 없는 말의 탄식이 방언 기도라고 생각하면 방언 기도를 할 때의 태도는 어떠해야 할까? 무엇보다도 영성의 최고봉에 이른 승리주의자적 태도를 취하지 않을 것이다. 사람이 기도한다는 것, 특히 방언으로 기도한다는 것은 그 사람의 연약함의 표출이다. 방언한다는 것은 영성이 깊은 경지에 이르렀음을 보여주는 표시가 아니다. 또 이성으로만 기도하는 사람들은 자신들의 탄식(롬 8:23)을 기도로 표출할 수 있는 도움이 필요하다는 것을 절실히 느껴야 한다. 이성만으로는 자신의 탄식을 다 표출할 수 없다는 무력감에 성령의 도움을 호소하면서 기도해야 한다.

2. 사도들의 방언과 현대 교회의 방언은 다른 것인가?

일전에 필자가 발제한 방언에 관한 세미나에서 어떤 지성적인 목사님이 이런 말을 했다. 자신의 가족 중 아내와 성인이 된 아들이 다 방언을 체험했는데 유독 자신만 방언을 체험하지 못했다고 했다. 그런데 자신은 방언에 대해서 아직 신학적으로 해결하지 못한 문제가 있기 때문에 선뜻 마음을 열기 어렵다고 했다. 자신도 성경에 나오는 방언은 인정하지만 신약성서에 나오는 방언이 현대 교회에서 지금 하는 방언과 같은 종류의 것인지 확신할 수 없다는 것이었다.

사실 필자는 위와 같은 말을 여러 차례 들었다. 이것을 좀 더 구체적으로 설명해 보면 이렇다. 사도행전에 나타난 사도들과 초대 교인들의 방언은 외국어였다는 것이다. 그런데 현대 교인들이 하는 방언은 극히 예외적인 경우를 제외하고는 외국어가 아니라는 것이다. 실제 언어가 아니라 부호라는 것이다. 그래서 사도들의 방언과 우리의 방언은 다르다는 것이다.

하지만 위의 주장은 방언에 관한 성경이 말하는 진리를 꿰뚫어 보지 못한 것에서 나온 것이다. 우선, 사도행전에 나오는 방언이 실제 언어였는지, 부호였는지, 아니면 듣는 사람들이 기적적으로 들은 것인지 논란이 된다. 말하는 기적과 듣는 기적이 동시에 이루어진 것이라는 주장도 있다. 필자도 대부분의 학자들과 마찬가지로 이것이 실제 언어였을 가능성에 가장 큰 무게를 두고 있다. 성경에서 대부분의 기적은 믿는 사람에게 나타나지 구경하는 사람에게 나타나지 않기 때문이다. 그렇다면 사도들과 제자들이 외국어로 말하는 기적이 일어난 것이다. 그런데 여기서 중요한 것은 말하는 사람 자신은 그것이 외국어인지 부호인지 구별하지 못했을 것이고, 또 그것을 계속해서 말할 수 있는 능력을 경험한 것도 아니라는 것이다. "그들이 다 성령의 충만함을 받고 성령의 말하게 하심에 따라"(행 2:4) 방언을 한 것이다. 여기서 가장 중요한 것은 방언이 외국어였다는 것이 아니라 성령의 역사로 방언을 했다는 것이다.

또 바울이 고린도전서 12-14장에서 말하는 방언이 실제 언어가 아니었다는 것은 자명해 보인다. 극소수의 학자들을 제외하고는 모두 이것을 실제 언어였다고 보지 않는다. 바울이 정의한 대로 이 방언은 영으로 말하는 것이고 알아듣는 사람이 없는 것이다(고전 14:2). 다만 통역의 은사가 임하면 그때 일시적으로 하나님이 그 뜻을 공동체에게 깨닫게 해 주시는 것이다. 현대 교회에서 일어나는 방언 현상이 바로 이런 방언이다. 여기서도 중요한 것은 성령의 역사로 자신의 의지로 혀가 움직이는 것이 아니라 다른 길로 혀가 움직인다는 것이다.

그렇다면 현대 교회에서 하는 방언과 초대 교회에서 하는 방언이 왜 불연속적이라고 생각해야 하는가? 바울이 말하는 방언이 교회 시대에 그칠 신학적 이유는 없다. 성령의 역사로 알 수 없는 말로써 기도, 찬양, 감사, 축복하는 방언이 현대에도 그대로 필요한 것이다. 기도와 찬양과 감사와 축복은 사도들 혹은 초기 교인들의 전유물이 아니다. 이것은 시대를 막론하고 모든 시대의 신자들에게 필요한 것이다. 누가의 방언에 있어서도 사도행전 2장 이후에 나오는 방언 현상에 대해서 그것이 실제 언어라는 뉘앙스는 별로 없다(행 10:46; 19:6). 여기서 중요한 것은 실제 언어였는가 아닌가 하는 것보다 언어 기관이 성령의 역사로 활동하게 되었다는 것이다. 또 여기서 방언은 성령 충만과 연관되어 있다. 성령 충만의 결과 혹은 표시로 방언을 하게 된 것이다. 지금도 성령 충만이 필요하다면 왜 방언은 필요 없다고 하는가?

종합해서 말하면, 현대의 방언은 사도행전과 고린도전서에 기록된 방언과 전혀 다르지 않은 것이다. 모두 성령의 역사로 언어 기관이 성령의 지배를 받아 "다른 혀"로 말하게 되는 것이다. 그것은 이천 년 전에도 기적이었고 지금도 역시 기적이다. 이것은 인간의 연습이 아니라 성령의 역사로 일어난다. 누가에 의하면 방언은 성령 충만의 한 결과다(행 2:4). 바울에 따르면 방언은 성령의 지배를 받아 하나님께 기도, 찬양, 감사, 축복을 하는 것이다(고전 14:2, 15-17). 이것이 어떻게 시대에 따라 다를 수 있는가? 우리는 지금 성경에 기록되어 있는 그 방언을 하고 있는 것이다.

3. 외국어 방언도 있는가?

방언은 신비한 것이다. 이성의 작용으로 말하는 언어가 아니라 성령이 신자의 입술을 직접 통제하여 말하게 하는 것이다. 방언을 하면서 우리는 다음과 같은 방언들에 대하여 한 번쯤은 궁금증을 가졌을 것이다.

외국어 방언?

방언은 성령의 직접적인 역사로 배우지 않은 언어로 하는 기도를 지칭한다. 그런데 이 언어가 실제 외국어일 수 있을까? 사도행전 2장에 기록된 오순절에 나타난 방언은 실제 외국어인 듯하다. 제자들이 성령 충만하여 방언으로 말하기를 시작했고 각국에서 예루살렘에 예배하러 왔던 사람들이 모국어로 방언을 알아들었다. 모국어로 말한 것이든 아니면 단순히 알아들은 것이든 방언이 실제 언어와 상관있었다. 그러므로 오순절의 첫 방언은 외국어였다고 할 수 있다.

그러면 지금 신자가 하는 방언도 외국어일 수 있을까? 누가와 바울이 기록한 방언이 본인이 배우지 않은 언어로 말하는 것이기 때문에 외국어도 될 수 있고 또 부호와 같이 영으로만 알아듣는 말일 수도 있다. 바울이 말하는 방언은 실제 외국어라는 뉘앙스는 없다. 어쨌든 현재도 방언이 얼마든지 실제 외국어일 수는 있다.

문제는 그 외국어를 본인도 모르고 한다는 것이다. 방언하는 사람에게 있어서 그 언어는 어차피 '방언'이다. 그래서 아쉽게도 외국어 방언을 하면 그 언어를 더 이상 습득할 필요가 없는 것은 아니다. 우리가 다른 나라 말을 습득의 과정을 통해서 배운 것은 성경에서 말하는 '방언을 말하는 것'이 아니다. 사도행전 2:4에서 말하는 방언은 "성령의 충만함을 받고" 성령의 인도하심을 따라 말하는 것이다.

만약 어떤 신자의 방언이 실제 외국어라면 그 방언이 모국어인 사람은 그 기도를 알아들을 수 있을 것이다. 선교지에서 그 지역 언어를 전혀 배우지 않은 선교사가 방언을 하면 사람들이 알아듣고 회개하는 역사가 일어날 수도 있는 것이다. 실제로 이런 일이 일어났다는 보도가 있다. 이것의 성경적 근거는 있는가? 바울이 소개한 방언은 기도와 찬양이다(고전 14:15). 또 누가가 보도한 바에 따르면 방언의 내용은 "하나님의 큰일"을 드러내는 것이었다(행 2:11). 그러므로 방언할 때 하나님을 찬양하고 "하나님의 큰일"을 드러내는 것을 보면서 사람들이 회개하는 역사가 일어날 수 있다.

하지만 모든 방언이 실제 언어라고 생각하여 처음 보는 사람에게 무작정 방언으로 말하면 오히려 대화가 단절될 수도 있다. 또한 고린도교회와 마찬가지로 방언을 일종의 설교로 생각하여 예배 시간에 아무도 못 알아듣는 방언을 통역 없이 사용하는 것도 안 된다. 방언은 그것이 외국어일 때 간접적으로 다른 사람을 회개에 이르게 할 수는 있지만 방언 자체가 설교는 아니다. 공적 예배에서 통역이 없이 방언으로만 말하는 것은 삼가야 한다.

대인 방언?

방언이 실제 사용되는 언어라면 방언을 말하는 신자들은 자기도 모르는 사이에 방언으로 대화할 수 있지 않을까? 이런 것을 흔히 대인(對人) 방언이라고 부른다. 그런데 사도행전 오순절 기사에서 제자들이 방언을 했지만 그 언어를 모국어로 하는 사람들과 대화했다는 보도는 없다. 바울도 방언을 받고 사람들이 서로 말로 통하게 되었다는 기록은 남기지 않았다. 방언을 통해서 언어의 소통이 일어나는 일은 성경에 언급되지 않았다.

그런데 어떤 사람들이 방언을 할 때 마치 대화하는 것 같은 느낌을 받을 때가 있다. 대화라기보다는 듀엣 기도 혹은 듀엣 찬양이라고 해야 할 것이다. 필자는 실제로 청년 시절 다니던 교회 수련회에서 기도회 중 두 자매가 눈을 감고 방언으로 기도하는데 똑같은 몸짓과 발성으로 하는 것을 보고 너무도 신기해서 눈을 뜨고 오랫동안 지켜본 일이 있다. 성령의 인도하심으로 두 사람이 듀엣으로 하나님께 기도하는 아름다운 장면이었던 것이다.

아기 방언?

대개 방언은 처음 체험한 이후 계속 변한다. 또 일반적으로 한 사람이 한 가지 방언만이 아니라 여러 가지의 방언을 하게 된다. 바울은 방언의 은사를 소개하면서 "각종 방언"(고전 12:10)이라고 한다. 여러 종류의 방언이 있다는 것이다. 그런데 이 여러 방언에 등급이 있는 것인가? 다른 말로 하면 방언은 인간이 언어를 습득할 때처럼 발전 단계를 거칠까? 이른바 '아기 방언'을 한 다음 '성인 방언'을 하는 것인가? 이 부분에 대한 성경적 근거는 미약하다. 방언 자체가 어차피 하나님의 영과 통하는 것이기 때문에 그 언어를 미숙한 것과 발달된 것으로 구별하기는 어렵다. 어떤 방언이 듣기에 더 아름답다고 해서 다른 방언보다 수준이 더 높은 것도 아니다. 방언에는 여러 가지가 있고 신자는 여러 가지 방언을 하게 되는 것인데 그 수준을 인간이 가르는 것은 온당치 않다.

대부분의 사람들이 "랄랄라라"와 같은 단순한 방언으로 시작해서, 마치 잘 짜여진 외국어와 같은 방언을 하게 된다. 그런데 후에 아름답게 보이는 방언을 하면서도, 단순한 방언도 계속해서 나온다. 이것은 방언에 발전 단계가 있다기보다는 여러 종류의 방언이 있다고 보아야 하는 근거가 될 것 같다.

방언 찬양

교회에서 방언으로 찬양하는 사람을 흔히 볼 수 있다. 이것도 성경적 근거가 있을까? 물론 있다. 바울은 방언으로 기도하는 것과 함께 방언으로 찬양하는 것을 직접적으로 언급한다. "내가 영으로 찬송하고 또 마음으로 찬송하리라"(고전 14:15; cf. 엡 5:19). 영으로 찬양하는 것이 다름 아닌 방언으로 찬양하는 것이다. 성령은 방언으로 기도하게 할 뿐만 아니라 우리가 배우지 않은 언어나 부호로 하나님을 찬양하게 한다.

20세기에 방언 운동이 일어나면서 학자들은 방언을 심리학적·언어학적·신학적으로 분석하기 시작했다. 하지만 분석으로 방언의 신비가 깨진 것은 아니다. 방언은 그야말로 성령의 인도하심으로 하나님과 말하는 것이기 때문에 그 안에는 항상 신비가 있다. 방언을 연구하는 데 있어 마치 해부학 교실에 있는 동물의 시체를 다루듯이 하면 안 된다. 방언의 신비를 몸소 체험하면서 성경적·신학적·사회 과학적·자연 과학적 방법을 동원하여 그 실체를 파악하여야 한다.

4. 방언은 다른 초자연적 은사 체험의 통로인가?

방언이 성령 세례를 체험한 하나의 증거이고, 성령의 은사의 하나인데 다른 은사를 체험하는 통로가 되는가? 사실 교회 안에서 은사를 체험하는 순서를 보면 대개 방언을 처음으로 체험하고 다른 성령의 은사를 체험하는 경우가 많기 때문에 이런 질문이 나온 것 같다. 성경 자체에서 어떤 확고한 답을 제시하는 문제라기보다는 우리의 체험에서 나온 질문이다.

우선 성경에서 이에 대해서 명시적으로 기술한 것은 없다. 그 전제하에서 우리는 성경 내용에 따른 추론에 의해서 방언이 다른 은사로 가는 통로가 될 수 있다는 것을 어느 정도 인정할 수 있다. 바울은 방언을 받은 사람들은 방언 통역하기를 기도하라고 권한다(고전 14:13). 그 반대는 말하지 않는다. 물론 성령의 은사가 나타날 때 어떤 순서가 있다는 뉘앙스는 고린도전서 12-14장에 나타나지 않는다. 예배 가운데 나타나는 여러 은사에는 체험에 있어 어떤 것이 우선적이라는 뉘앙스도 없다. 다만 14장에 보면 개인의 영적 성장을 위해서 주어지는 기도인 개인 방언(private tongues)의 경우에는 방언 통역의 은사보다 먼저 체험하는 것이 더 보편적이라는 뉘앙스는 있다. 그래서 바울은 방언을 체험한 사람들에게 방언 통역의 은사를 체험하는 것으로 나아가라고 권면하고 있는 것이다.

사도행전에도 방언, 예언, 하나님 찬양, 치유 등 여러 성령의 역사가 나타난다. 그동안 오순절 사건과 전통 교회 간에 논란이 되었던 방언이 성령 세례의 증거인가 하는 문제가 여기서도 제기된다. 필자는 오순절 신학의 입장이 옳다고 보는 사람으로서 방언이 성령 세례의 유일한 증거는 아닐지라도 최소한 하나의 증거이며 사도행전의 성령 세례 구절에서 가장 많이 나타나고 또 가장 중요하게 나타나는 것이라고 본다. 그런 의미에서 사도행전에서 방언 체험은 다른 성령 충만 체험의 단초가 되었다고 할 수 있다.

종합하면 방언이 다른 모든 성령의 은사의 통로라는 주장은 하기 어려울지라도 그렇게 된 경우가 성경과 우리의 체험에서도 많았다는 사실은 부인할 수 없다. 그래서 "방언이 다른 은사를 체험하는 통로이다"라고 말하는 것은 지나친 일반화일 수 있지만 "방언이 다른 성령의 은사를 체험하는 통로일 수 있고 사실상 중요한 통로다"라고 말할 수는 있다.

5. 어떻게 방언 통역을 체험할 수 있는가?

한국 교회에서 방언의 은사를 체험한 사람은 수없이 많다. 출석 교인이 백 명이 넘는 교회 가운데 방언하는 사람이 한 사람도 없는 교회는 많지 않을 것이다. 아무리 신학자들이 방언에 대해서 무관심 내지는 적극적 부정의 입장을 취하고 있을지라도 평신도들은 방언의 은사를 계속해서 체험해 왔다. 그런데 방언의 은사와 짝을 이루는 방언 통역의 은사는 분명히 바울이 아홉 가지 영적 은사를 열거하면서 언급한 은사 중 하나인데도 불구하고(고전 12:10) 다른 모든 은사 중에서도 가장 무시되어 온 은사다. 바울은 분명히 "그러므로 방언을 말하는 자는 통역하기를 기도할지니"(고전 14:13)라고 권고하고 있지만 우리는 지금 이 권고를 잊어버리고 있는 것은 아닐까?

통역은 알아들을 수 있는 말을 하는 것인가?

방언 통역이란 무엇일까? 바울은 방언이란 신자가 아무도 알아들을 수 없는 언어로 하나님께 그 영으로 신비한 내용과 방식의 기도를 하는 것이라고 분명히 우리에게 가르쳐 주고 있다(고전 14:2). 그러나 방언 통역에 대해서는 구체적으로 설명하지 않았다. 당시 바울과 고린도교회 사이에는 이미 방언 통역에 대한 개념을 공유하고 있었고 그것을 굳이 설명할 필요가 없었던 것이다. 하지만 이천 년이 지난 우리에게 방언 통역이란 개념은 설명을 요한다.

우선 방언과 방언 통역은 연관성이 있다. 혹자는 방언은 사람들이 알아들을 수 없는 이상한 언어라면 통역은 이와는 대조적으로 사람들이 인식할 수 있는 언어라고 주장한다. 필로와 요셉푸스 같은 고대 작가들은 '통역'이라는 단어를 이런 뜻으로 사용했다는 것이다. 그렇다면 바울은 고린도교인들에게 방언은 적극적으로 피하라고 가르쳤고, 대신에 통역을 권장한 것이 된다. 하지만 고린도전서 14장을 한번 쭉 읽어 보기만 해도 말도 안 되는 주장임을 알 수 있다. 바울은 자신이 다른 어떤 사람에 비해서 방언을 많이 하고 있다는 것을 자랑스럽게 생각한다고 스스로 말했고(고전 14:18) 예배 가운데 있어야 할 요소로서 방언을 언급하고 있음(고전 14:26)은 이 주장이 맞지 않는다는 것을 단적으로 보여 준다.

이 주장의 연장선상에서 정용섭이라는 신학자도 일전에 뉴스엔조이 기사에서 방언 통역을 영적인 현상이 아니라 하나님의 말씀을 오늘의 상황에 맞게 잘 풀어주는 것이라고 해석한다. 그는 성경을 왜곡 해석하여 비(非) 복음적인 주장을 하는 것을 방언이라 하고, 그 방언을 바로잡는 것을 방언 통역이라 한다. 꽤 매혹적인 주장이지만 방언과 방언 통역의 관계를 잘 설명해 주지 못한다. 이 주장이 맞다면 바울은 방언은 폐하고 통역만 하라고 해야 했고, 또 방언 없이도 통역이 얼마든지 존재할 수 있어야 한다. 하지만 고린도전서 12-14장에서 방언 통역은 반드시 방언을 전제한다.

방언 통역은 방언을 모국어로 알아듣는 것인가?

방언이 영적인 은사이듯이 방언 통역도 영적인 은사이다. 이것을 자연적 재능이나 지적인 연설로 해석하는 것은 전형적인 해석적 오류다. 방언과 마찬가지로 방언 통역은 성령의 초자연적인 현시로서의 은사다(고전 12:7). 방언이 어떤 언어를 배워 그 뜻을 알아서 말하는 것이 아니듯이 방언 통역도 자연적으로 들려서 말하는 것이 아니라 방언할 때 순간적으로 초자연적인 방식으로 그 뜻(혹은 그 뜻의 일부)을 성령의 나타남으로 말하는 것이다.

어떤 이는 방언 통역은 방언이 자기 모국어로 귀에 들린다고 말한다. 물론 그 가능성을 100% 부정할 수는 없다. 하지만 방언 통역이 고린도전서 12장에 언급된 다른 성령의 은사와 성격이 같은 것을 볼 때 이 은사는 귀에 들리는 은사라기보다는 순간적으로 방언의 뜻을 마음으로 알아듣고 모국어로 말하는 것이다. 지식의 말씀의 은사와 비슷한 것으로 전혀 알지 못하는 내용을 성령의 나타남으로 갑자기 알게 되어 말하는 것이다.

방언 통역은 방언의 내용을 통역하는 것이다

방언 통역은 방언과 밀접하게 관계되어 있다. 한마디로 말해 방언 통역은 방언의 내용을 모국어로 옮기는 것이다. 바울은 방언을 두세 사람이 하고 이어서, 한 사람이 그에 대한 통역을 하라고 말한다. 반면에 예언은 통역할 필요가 없다. 방언과 같이 두세 사람이 말하고, 그다음에는 그 내용이 성령으로부터 온 것인지 아닌지를 분별하면 된다(고전 14:29). 예언과 방언 통역은 비슷한 목적과 방법을 가지고 있다는 것을 알 수 있다. 각각 교회 구성원의 신앙 성숙을 위한 것이다. 예언은 하나님의 언어로 하나님의 말씀을 신자들에게 들려줌으로 회개 혹은 위로하는 것이라면(고전 14:3; 24-25), 방언 통역도 결과적으로 기도의 내용이 통역되어 방언으로 기도하는 사람의 회개 혹은 위로를 촉구하게 되는 것이다.

그렇다면 우리는 어떻게 방언 통역을 체험할 수 있는가? 바울의 조언대로 방언으로 기도하는 사람은 통역하기를 기도하면 된다. 통역은 귀로 들리는 것이 아니라 마음으로 들리는 말을 담대하게 말하는 것이다. 물론 마음으로 들리는 말이 자신의 보통 때의 생각과 어떻게 다른가 하는 문제가 남는다. 예언, 계시, 지식의 말씀, 지혜의 말씀의 은사에 모두 걸려 있는 문제다. 성령 충만한 상태에서 우리는 자신의 지식이 아닌 초자연적인 소리를 분명히 들을 수 있다. 다만 예언의 은사의 진위를 분별해야 하듯이 방언 통역의 은사도 분별해야 한다. 분별이 무서워서 하나님이 들려주시는 음성을 거부하기보다는 적극적으로 사용하면 자신의 생각과 성령의 음성을 구별하게 될 것이다. 필자는 우리 한국 교회에 방언의 은사가 널리 나타나듯이 방언 통역의 은사가 널리 나타나기를 소망하고 기도한다.

방언 통역의 은사 간구하기

방언을 체험한 사람은 공동체의 유익을 위해 방언 통역의 은사를 체험하도록 기도하는 것 또한 중요하다. 바울이 말하는 바를 문자 그대로 따라보자. "그러므로 방언을 말하는 자는 통역하기를 기도할지니"(고전 14:13). 방언은 한 번 체험하면 그다음에 방언으로 기도할 때 거의 자동으로 나오는 데 반해, 방언 통역은 그렇지 않다. 방언이 알지 못하는 언어로 하나님께 기도하는 것이라면, 통역은 방언을 모국어로 옮기는 것이기 때문에 두려움이 있다. 특히 귀가 아닌 마음에 들리는 것을 말하기 때문에 혹시 성령이 주신 통역이 아니라 자기 나름의 생각을 말하지 않을까 하는 두려움이 있다. 하지만 하나님은 마음을 통해서 역사하고, 마음에 깨달음과 음성을 들려주신다. 지나치게 두려움을 갖지 말고 사모하면서 마음속에 들리는 통역을 방언할 때처럼 입으로 말하는 것이 필요하다. 만약 실수했다고 하더라도 영 분별의 은사가 교회 안에 있음으로 그것을 교정할 수 있기 때문에, 두려움보다는 적극적인 마음으로 은사가 나타나도록 간구하고 실행해야 한다.

6. 진보주의 신자는 왜 방언을 꺼리는가?

한국에서 진보적 신학을 대표하는 신학교는 한신대라고 할 수 있다. 한신대는 민중신학의 메카였고, 군사정권 시절 민주주의와 남녀 평등과 교회개혁을 외쳤다. 물론 복음주의적 성향에 기반하면서도 진보적인 성향의 사람들도 있다. 그것을 대표하는 저널로 「복음과 상황」이 있다. 인터넷 신문인 '뉴스앤조이'도 이와 맥을 같이하고 있다. 이에 반하여 한국에서 방언하면 생각나는 교파는 이른바 순복음교회(기독교대한하나님의성회)이고, 그 교단 신학대학이 한세대다. 진보를 대표하는 한신대와 오순절 신앙을 대표하는 한세대는 그 기풍이 매우 다르다. 서로 일치하는 것이 별로 없어 보인다.

진보와 방언?

그래서 그런지 진보 성향의 신학자들과 신문 기자들은 대개 방언에 대해서 부정적이다. 뉴스엔조이(www.newnjoy.co.kr)에서 방언이라는 주제어를 검색하자 의외로 200여 건의 기사가 뜬다. 이것들이 모두 다 방언을 다룬 것은 아니지만 그중에는 방언에 대해서 직접적으로 다룬 것이 상당수 되었다. 그런데 이 기사들의 기조는 방언에 대해서 부정적 혹은 소극적 인정이다.

뉴스엔조이와 연결되어 있는 '복음과 상황' 214호(2008년 7월 18일자)에는 필자의 책 『방언은 고귀한 하늘의 언어』에 대해서 토론하는 것이 주제로 실렸었는데, 현대 방언 운동을 지지하는 사람도 있었지만 전반적인 기조는 부정적 내지는 제한적 인정이었다. 물론 이 기사에는 방언에 대해서 방언 중지론처럼 극단적인 주장을 하는 사람은 없었지만 그 기사의 전체 제목처럼 "왜, 지금, 다시 방언인가"라는 질문을 우리에게 던진다. 방언을 하는 사람들은 개인 신앙에 함몰되어 대개 역사의식이 없으며, 지금 우리는 세상에 대해서 우리의 회개를 보여 줄 때이지 한가하게 개인의 문제에 매달려 방언을 주장할 때가 아니라는 것이다. 물론 필자는 이 주장이 나온 배경을 충분히 이해한다. 방언을 말하는 사람들은 실제 개인 구원에 몰두하고 사회 참여에는 소극적이었던 경우가 많았기 때문이다. 또 이 점에 있어서는 방언 운동을 하는 사람으로서 진지하게 반성해야 할 일이라고 생각한다.

누가 = '한세' + '한신'

필자는 다음 질문에 답하려 한다. "방언 체험은 필연적으로 우리를 수구적이요, 기득권 옹호적이요, 비개혁적이요, 비사회참여적인 신앙으로 내모는가" 하는 것이다. 진보적 성향의 저자들의 글을 보면 방언에 대해서 으레 이렇게 비판을 한다. 물론 그것은 현 시대의 그리스도인들 중에서 그런 성향이 있는 사람들이 상당히 있는 것에 대한 비판일 것이다. 그렇다고 하더라도 그것은 그 신앙인들이 균형 감각을 잃은 것이지, 방언이 그 사람을 그렇게 만든 것이라고 쉽게 단정할 수는 없다. 아마도 방언하는 사람들도 다른 면에서의 균형을 잃어버려 그런 신앙의 형태가 되었을 것이다. 문제는 방언이 아니라는 것이다.

한세대로 대표되는 방언의 은사를 충분히 경험하면서도, 동시에 한신대로 대표되는 사회참여적 신앙을 가질 수 있을까? 물론 필자가 여기서 사용하는 '한세대'와 '한신대'는 가상의 개념이다. 한세대는 방언을 비롯한 신약성서에 나오는 모든 영적 은사를 인정하고 체험하는 신앙을 이르는 말이고, 한신대는 예수님이 하신 것처럼 세리, 여인, 어린아이, 가난한 자에 대한 배려와 운동을 하는 신앙을 말한다. 우리는 성경에서 어렵지 않게 그러한 신학자를 만날 수 있다. 바로 누가다.

누가는 신약의 어느 저자보다도 성령에 대해서 민감했던 신학자였고, 또한 사회적 약자에 대한 배려의 신학에 대해서도 마찬가지였다. 우리가 흔히 교회에서 사용하는 '성령 충만'이라는 말은 한 번(엡 5:18)을 제외하고는 모두 누가 문서에만 나온다. 누가는 성령 충만의 신학자였다. 오순절의 성령 충만의 결과로 제자들이 다른 방언을 했다는 것도 누가가 기록한 것이다. 또한 누가는 예수의 사명선언문에서 그가 사명을 받은 것을 성령이 임하신 것으로 말하면서 동시에 그 목적은 가난한 자를 위한 것이라고 한다(눅 4:18). 성령과 가난이 만나는 것이다. 사도행전에서도 누가는 성령 충만의 결과로 제자들이 방언을 하게 되었다고 하면서(2:4) 동시에 재물을 나누는 사건이 발행했다는 것도 빼놓지 않고 있다(2:43-45; 4:32-35).

우리의 사명

우리에게는 왜 한세와 한신이 손을 잡는 일이 잘 일어나지 않는 것일까? 진보는 방언을 반대하고, 방언하는 사람은 사회 참여를 잘하지 않는 것은 누가의 입장에서 보면 한쪽으로 기울어진 신앙이다. 사회적 약자를 대변한다고 하면서, 성령 충만함이 없이, 방언 기도 없이 하는 것이 과연 초대 교회적인 것인가? 또 성령 운동을 한다고 하면서 가난한 자에 대한 관심이 없는 것 또한 누가가 꿈꾼 성령 운동과 거리가 있어 보인다. 필자는 누가 신학과 같은 좋은 예를 고(故) 대천덕 신부에게서 보았다. 그는 매일 방언으로 기도하고, 성령의 은사를 체험하고 긍정적으로 보는 분으로서 토지 문제에 대한 것 등 경제적 평등을 부르짖은 분이셨다. 이분이야말로 오늘날의 누가가 아니었을까?

물론 현재 우리 한국 교회도 변하고 있다. 여의도순복음교회를 예로 들면, 사실상 상당한 정도의 사회 참여와 약자에 대한 운동과 실천을 하고 있다. 처음에는 성령 운동이 개인 심령의 변화 운동에서 출발했지만 사회적 약자의 돌봄으로 자연스럽게 확대된 것이다. 그런데 오히려 진보적 성향의 그리스도인들의 방언에 대한 태도는 쉽사리 바뀌지 않고 있다. 진보의 이데올로기 중에 개인 체험의 요소를 너무 무시한 데서 이러한 일이 발생한 것은 아닐까? 특히 복음주의적 진보 신앙을 가진 형제들에게 촉구한다. 우리가 성경에서 말하는 다양한 성령의 역사를 체험하고, 뜨겁게 기도하면서 약자를 위한 배려와 선택하는 것이 불가능한 것인가? 혹시 초대 교회처럼 성령의 역사가 없이 단순히 약자를 위해서만 의지적으로 사는 것은 무엇인가 성서적 신앙과는 거리가 있는 것은 아닐까?

진보주의 신자는 왜 방언을 멀리하는가?

최근 필자는 진보적 성향의 모 인터넷 신문에서 한국 교회의 부흥회 행태에 대해서 신랄하게 비판하는 어느 기자의 글을 읽었다. 부흥사들이 불건전하게 헌금을 강조하는 것, 과다하게 사례비를 받는 것, 말씀을 왜곡되게 전하는 것 등에 관해서 비판하는 부분에 대해서는 필자도 많은 부분 공감했다. 그런데 그 글에서 기자는 연이어 부흥회에서 성령 체험을 강조하는 것에 대해서도 같은 논조로 비판했다. 신자들이 성령 체험을 하게 되면 마치 지배 이데올로기 주사를 맞은 상태가 되어 목사들이 성도들을 쉽게 지배할 수 있게 된다는 것이다. 그 기자는 성령 체험 중에서도 이미 중지되었다고 보아야 하는 방언 등의 체험을 강조하는 것은 크게 경계해야 한다고 말한다. 그러면서 그 기자는 부흥회보다는 우리나라 초기 교회에서 했던 방식인 사경회 방식으로 집회를 하는 것이 더 바람직할 것이라고 한다.

우선, 현재의 부흥회 행태를 비판하는 글에서 갑자기 성령 체험, 특히 방언 비판이 왜 나오는가? 물론 부흥사들이 일반적으로 성령 체험, 방언 체험, 은혜 체험을 강조하기 때문에 이 사항도 부흥사들이 하는 일에 대한 비판 목록에 포함될 수 있을 것이다. 하지만 인위적으로 헌금을 강조하는 것과 같은 마땅히 비판받아야 할 것과 바울과 누가가 가르치는 방언 자체에 대한 비판은 상호 잘 어울리는 주제는 아니다. 아마도 기자 자신이 평소 방언 등에 대해서 부정적인 생각을 가지고 있던 차에 부흥사들의 행태를 비판하면서 이것도 싸잡아 심판의 도마 위에 올려놓은 것 같다.

여기서 필자가 심각하게 물어보고 싶은 질문은 다음과 같은 것이다. 일반적으로 진보 성향의 동료 신자들은 성령의 체험에 대해서 부정적인 경우가 많은데, 왜 그런가? 아마도 이런 점일 것이다. "방언 체험 등을 강조하면 신앙이 타계적·비정치적·비참여적 성향이 되어 정의감이 없는 신앙이 되기 마련이다." 사실, 현실적으로 방언을 비롯한 성령 체험을 강조하는 교회에서 이런 성향이 많았던 것은 부인할 수 없을 것이다. 하지만 논리적으로 말해서 방언이 그들을 그렇게 만든 것인가? 만약 그렇다면 방언을 우리에게 소개해 준 바울과 누가도 마땅히 같은 비판을 받아야 할 것이다. 하지만 바울과 누가는 방언을 말하면서도 사회 정의와 나눔에 대해서 눈감아 버린 사람들이 아니었다는 것은 분명하다.

신약성서 저자 중에서 사회 정의에 대해서 가장 민감했던 사람은 누구였다고 할 수 있다. 누가가 보여 준 여성과 약자에 대한 관심, 가난한 자에 대한 관심, 나누는 것에 대해서 강조하는 것은 현재 기독교 진보 성향의 사람들의 주장과 닮았다. 하지만 누가가 그 어느 누구보다도 성령, 방언, 예언 등 성령 체험에 민감한 사람이었다는 것은 전문 신약학자가 아니라도 누구나 성경을 읽어 보면 알아차릴 수 있는 사항이다. 누가의 신앙과 신학을 보면 방언과 사회정의는 얼마든지 공존할 수 있는 것이다.

 필자는 성령 체험을 강조하는 사람들이 그동안 사회정의에 대해서 비교적 관심을 덜 가졌다는 비판에는 충분히 공감한다. 또 방언하는 사람 중의 한 사람으로서 필자도 이 점에 대해서 깊이 유감으로 생각하고 있다. 하지만 방언 체험을 비롯한 성령 체험 자체를 비판하는 것은 성서 자체가 말하는 가르침을 반대하는 것이다. 필자는 그동안의 연구를 통하여 은사 중지설은 전혀 성서적 근거를 갖고 있지 않다고 확신한다. 성경 자체가 그런 말을 하거나 그런 의도로 말한 경우가 전혀 없다. 다만 성령의 은사가 잘 나타나지 않았을 때 신학자들이 성서보다도 교회의 집단적 체험을 주석해서 은사 중지설을 주장했을 뿐이다. 또 누가의 가르침에 따르자면 성령 체험 없는 정의와 나눔은 반쪽짜리 진리다. 이 문제를 누가에게 물어본다면 아마도 그는 우리에게 "성령 충만하여 나눔의 공동체를 이루고 살라"고 권면할 것이다.

 또 한 가지, 부흥 집회가 사경회의 형태를 띠어야 더 바람직하다는 것에 대해서도 필자는 동의하지도 공감하지도 않는다. 말씀 중심 집회라는 것은 무엇인가? 말씀에 있는 것 혹은 말씀의 의도대로 행하는 것이지, 단순히 말씀을 가르치는 형태가 말씀 중심인 것은 아니다. 필자도 신학과 교수이고, 특히 신약 성서 학자로서 성경을 가르치는 것을 좋아한다. 하지만 그 형태가 성경을 가르치는 것은 성경적이고, 이른바 열정적으로 기도하고 은사를 체험하는 부흥회 스타일은 비성경적이라고 보지는 않는다. 가르칠 때 성경 저자가 의도한 바를 성령의 인도함을 받아 올바르게 가르치면 성경적인 것이 될 것이고, 부흥회를 할 때 성경의 가르침대로 간절하게 기도하면서 성경에 있는 것을 성경의 방식대로 체험하면 그것 또한 성경적이 될 것이다.

필자는 그 기자에게 이렇게 묻고 싶다. 혹시 우리가 누가의 정신을 반쪽만 가지고 있는 것은 아닌가? 성령을 체험하면서 동시에 사회 정의에 민감하고, 비판적 안목을 가지면서 동시에 뜨거운 가슴을 갖는 것은 불가능한 것인가?

7. 당신의 방언관은 성경적인가?

우리는 방언에 대한 성경의 입장이 어떤 것인지 정리할 필요가 있다. 방언에 대한 사람들의 입장은 다음과 같이 네 가지 견해로 정리할 수 있다.

첫째, 적극적 부정: 현대에 교회에서 일어나는 방언은 완전히 비성경적이며 때로 악마적이기까지 하다. 세분하면 다음과 같다. 1) 방언과 같은 기적적 은사는 사도의 표지로서 주어진 것이기 때문에 성경이 주어진 오늘날에는 더는 필요 없는 은사다.

방언은 있었으나 이제는 그쳤다. 2) 방언은 사회적으로 낮은 계층 사람들이 말로 표현하지 못하는 억울한 감정이 심리적으로 불안한 상태에서 이상한 형태의 하소연으로 나타난 것이다.

둘째, 소극적 인정: 방언은 바울 시대뿐만 아니라 지금도 있다. 하지만 방언이 신앙생활에 그리 중요한 요소는 아니다. 세분하면 다음과 같다. 1) 방언은 성령의 열매(사랑)보다 덜 중요하므로 별 필요 없다. 2) 방언은 예언의 은사보다 열등한 은사이므로 별 필요 없다. 3) 방언은 구원과 직접적으로 관계된 것이 아니기 때문에 그리 중요하지 않다.

셋째, 지나친 긍정: 방언의 은사는 신앙 수준의 척도다. 세분하면 다음과 같다. 1) 방언의 은사를 받은 신자는 성숙한 신자이고, 방언을 체험하지 못한 신자는 영적으로 초보 신자다. 2) 방언의 은사를 경험하지 못한 사람은 영적인 세계에 대해서 알 수 없다.

넷째, 적극적 인정: 방언은 신앙 수준의 척도는 아니지만 신앙 성장에 도움이 되는 은사다. 세분하면 다음과 같다. 1) 방언으로 기도하는 신자는 신앙의 침체에서 쉽게 회복되고 신앙 성장이 빠르다. 2) 방언은 바울이 권장한 것이고, 누가는 성령 세례(혹은 성령 충만)의 표지의 하나로 제시했다.

이 중에서 어떤 것이 성경적 견해인가? 각자가 자란 신앙 전통과 자신의 개인 체험에 따라 방언에 대한 입장이 다를 것이다. 우리는 자신의 전통과 개인 체험에서 쉽게 벗어날 수 없다. 하지만 최대한 객관적인 태도로, 성경이 말하는 방언에 대한 입장을 정리하는 것이 필요하다. 되도록 자신이 지금까지 견지해 온 견해를 의심하면서 선입견을 배제한 상태에서 성경을 읽어 보기를 권한다. 필자가 아는 한 복음주의계 지도자 목사님은 자신이 속한 교파의 전통에 따라 방언에 대해서 부정적인 견해를 갖고 있었는데 방언을 체험한 사모님과 결혼하면서, 사모님과의 대화를 통해 방언에 대한 새로운 시각을 갖게 되었다. 또 방언을 체험한 후에 방언 반대자에서 방언 전도사가 되었다. 과연 우리 각자의 방언에 대한 태도는 성경적인가, 전통적인가?

　이상을 통해서 우리는 방언에 대한 성경적 입장을 살펴보았다. 방언은 사도가 사라지면서 그쳤다는 방언 중지론, 심리적으로 불안정한 사람들이 뇌까리는 정신병적이라는 이론, 마귀에게서 나온 것이라는 이론, 방언 자체가 불신앙의 표지라는 이론, 바울은 방언을 인정했지만 하찮게 취급했다는 이론 등은 모두 비성경적임을 밝혔다. 바울은 방언을 지금까지 신학자들이나 전통적인 교회에서 생각해 왔던 것보다도 훨씬 더 방언을 긍정적인 측면에서 기술하고 있다. 방언은 성령이 주시는 선물인 기도 언어인 것이다.

제3장
중단되어야 할 방언 중지론

현대 교회에서 방언은 학문적으로나 신앙적으로나 논쟁적 주제다. 그 논쟁에서 빠질 수 없는 주제가 이른바 기적 은사 중지론이다. 그 주장은 바울이 제시한 성령의 아홉 가지 은사(고전 12:8-10) 중에서 방언을 비롯한 기적적 은사는 현재 중지되었다는 것이다. 필자는 이 문제에 대해서 이전 저술에서 한 챕터에 걸쳐서 세세하게 설명한 바 있다(『방언, 성령의 은사』, 제4장 방언 중지론은 중지되어야 한다). 다만, 신학자가 아닌 일반 독자를 위한 책인 본서의 본 장에서는 한국 교회에서 지난 20년간 크게 문제가 되었던 저술들을 중심으로 이 문제를 다룰 것이다.

1. 옥성호의 방언 중지론

방언, '하늘의 언어' 논쟁

2007년 김우현 감독의 『하늘의 언어』가 공전의 히트를 쳤다. 이 책이 발간된 이후 한국 교회 여기저기서 방언 열풍이 일어났다. 이때 이 움직임에 정면으로 도전하는 책이 나왔다. 제목에서도 김우현 감독의 책과 연관된 주제의 책임이 드러난다. 바로『방언, 정말 하늘의 언어인가?』이다. 이 질문에 대해서 어정쩡한 태도를 취했던 사람들과는 달리 옥성호는 칼로 무를 자르듯이 그 질문에 이렇게 대답한다. "아니다. 절대 아니다."

이 책은 한국 방언 연구사에 있어서 매우 의미 있는 책이다. 왜냐하면 학술 서적이나 신앙 서적을 막론하고 한국인이 쓴 책 중에서 기적적 은사 중지론의 입장에서 일관되게 방언론을 전개한 거의 유일한 책이기 때문이다. 그동안 워필드나 개핀이나 혹은 월부 워드의 책들이 번역되기는 했지만 어떤 한국 학자도 이들의 생각을 그대로 받아들인 사람은 없었다. 한국 학자들의 견해는 이들의 이론을 나름대로 재해석하여 성령의 은사는 지나치게 강조되어서는 안 되며 사랑 중심으로 적절하게 사용되어야 한다는 "소극적 인정론"이 주류를 차지했기 때문이다. 한국 교회에서는 방언의 은사가 교파를 초월하여 매우 광범위하게 나타나고 있기 때문에 이것이 성경적인 것이 아니라고 정면으로 부정하기는 어려웠을 것이다.

그런데 이 책은 현재 성경에 있는 방언의 은사는 존재하지 않으며 현재 교회에서 광범위하게 이루어지고 있는 방언은 성경의 방언이 아니므로 근절되어야 한다는 입장을 취하고 있다. 저자는 신학을 전문적으로 공부하지 않은 사람이지만 지성인으로서 방언에 대한 전문 서적과 신앙 서적 또 방언과 연관된 관련 주석을 섭렵해서 나름대로 설득력 있는 어조로 글을 써나가고 있다. 여기서 저자의 주장과 어조는 매우 강하다. 논지가 "현대의 방언은 성경의 방언이 아니다"는 것이기 때문에 그렇겠지만 주장할 때의 어조는 자신의 주장과 반대되는 해석의 가능성에 대해서는 거의 문을 열어놓지 않고 있다.

필자는 이 책을 매우 흥미롭게 읽었다. 책을 처음 잡아서 마지막 페이지까지 읽을 때까지 한 번도 손에서 책을 놓지 않았을 정도다. 읽으면서 저자의 집념과 끈기가 대단함을 느꼈다. 책의 전체적인 어조는 자신의 논조를 차근차근 증명해 가는 것이었지만, 이것을 통해 한국 교회를 개혁시키려는 저자의 뜨거운 마음도 느낄 수 있었다. 이 책을 쓰는 것이 필생의 사명감으로 하는 것 같은 느낌도 받았다. 필자는 이 책에 대한 비평적 평가를 하려고 한다. 결론부터 말하자면, 나는 저자의 논지에 동의하지 않을 뿐 아니라 개개 구절의 해석과 평가에 있어서도 대부분 그렇다.

비 체험가의 방언 해석

저자는 다른 문제는 매우 명확하게 자신의 입장을 말하는 데 반해, 자신의 방언 체험에 관해서는 이상하리만큼 애매모호하게 언급한다. 방언하는 사람들이 흔히 방언 반대자들에게 하는 강력한 논리 중의 하나는 "너도 일단 체험해 보고 말하라!"는 것이다. 방언을 체험하면 입장이 달라질 것이라는 얘기다. 사실 미국에 갔다 오지 않은 사람이 미국에 대해서 아무리 이야기해도 갔다 온 사람이 "너도 갔다 와보고 말해"라고 하면 한방에 그 사람의 주장을 날려버릴 수 있는 것처럼 말이다. 저자는 어떻게 보면 방언 체험자의 입장인 것처럼 말한다. "'올라라랄라라랄'하고 과거에 배운 방언 기도"(208)의 체험을 체험이라고 보는 것 같다. 추천의 글을 쓴 이도 저자는 방언 기도를 체험한 사람의 입장으로 이 글을 썼다고 거든다(12). "체험도 해보았지만 체험이 아니라 성경으로만 보았더니 현재의 방언은 성경의 방언이 아니더라"고 주장하는 것이라면 저자의 주장은 강력할 수 있다. 이 한마디로 체험으로 말하는 모든 방언에 대한 긍정적인 주장을 내칠 수 있는 것이다. "나도 미국에 가 보았는데 너하고는 다른 생각이다"라는 주장은 얼마든지 나올 수 있다.

하지만 이 책에 나오는 내용으로 판단해 볼 때 필자가 보기에는 저자는 방언 체험자가 아니다. 첫째, 저자는 자신의 방언 체험을 구체적으로 언급하지 못한다. 방언을 매우 부정적으로 말하면서 "과거에 (억지로 따라) 배웠던"이라는 표현은 강권적으로 임하는 방언을 체험한 것이 아니라 방언 집회에서 남이 하는 말을 그냥 흉내 냈던 경험인 것 같다. 방언은 학습된다고 주장하는 것도 자신이 체험한 방언이 흉내 내기 성격임을 보여 준다(211). 둘째, 저자의 주장이 옳다면 저자는 절대로 방언을 체험해서는 안 된다. 현대 방언이 성경적 기원을 둔 것이 아니라면, 방언에 대한 기원의 귀결은 무엇이겠는가? 저자는 거기까지는 나가지는 않았지만 그 논리적 귀결은 하나밖에 없다. 서양 학자들이 주장하듯이 "사탄적" 혹은 "마귀적"이라고 해야 한다. 아니면 심리적으로 정신병적이 된 상태에서 나온 것이다. 자신이 이렇게 믿고 있는 방언을 체험하면 안 될 일이다.

또 저자는 방언하는 사람(들)에게서 상처 받은 경험이 있는 것 같다. 필자 주위에 방언하는 사람 중에서 크리스천 인격이 확립된 성숙한 사람도 있고 덜 성숙한 사람도 있다. 그러나 필자는 어떤 사람의 방언 체험 유무에 따라서 그 사람의 신앙을 판단하지는 않는다. "방언이라는 체험에 빠지면 빠질수록 우리는 성경에서 멀어집니다"(234)라는 평가는 필자의 체험과는 정반대다. 물론 그럴 수 있겠지만 아무런 통계적 근거를 제시하지 않고 주장을 하는 것은 방언하는 사람 일부에게서 느낀 것을 일반화하고 과장 내지는 확대한 것으로 여겨진다. 여기에 오순절 신학에 대해서 폄훼하면서 말한 제임스 패커를 그대로 인용한 것(232)은 현대 교회에서의 타 교파나 타 신학에 대한 신중하고 예의 바른 접근의 태도를 취하지 않은 것이다.

저자가 전반적으로 논리적이고 이성적으로 접근하면서도 방언이나 오순절 교파에 대해서 부정적 태도를 갖는 것은 이 부분에 대해 일종의 나쁜 경험을 한 것으로 보인다. 이른바 "방언한다고 잘났다고 생각하는 사람들"에 대한 전반적인 혐오감일 수도 있다. 어쨌든 저자는 자신의 전통에 대해서는 자부심이 대단하지만 자신도 어떠한 전통에 서 있고, 그 전통이라는 것이 성경 해석의 여러 가능성이 있을 때 하나의 입장을 취함을 잘 알지 못하는 것 같다. 저자는 스스로 체험과 반대되는 성경적 입장에 서 있다고 말하지만, 사실 그 주장은 존 스토트(John Stott), 도날드 카슨(Donald A. Carson), 개핀, 워필드 등의 개혁주의적 성경 해석 전통을 따르고 있음을 어렵지 않게 알 수 있다. 특히 스토트와 카슨에 대한 의존도는 매우 높다. 만약 저자가 학문을 제대로 배운 학자였다면, 아마도 자신의 논지는 분명하게 유지하면서도 자신도 알게 모르게 하나의 전통에 서 있는 해석이라는 입장을 인정했을 것이다.

증명되지 않은 전제에 의한 논증

저자는 사도행전과 고린도전서에 나오는 방언은 사도 시대의 종결과 함께 그쳤으며, 따라서 현재 신자들이 체험하고 있는 방언은 성경에서 말하는 방언이 아니라고 주장한다. 이를 증명하기 위해 저자는 여러 가지 전제를 한다. 만약 이 전제 중 하나라도 증명될 수 없다면 저자의 논지는 설 자리를 잃게 된다.

고린도전서 14:22이 방언을 해석하는 열쇠(key) 구절인가?

저자는 책을 시작하면서 고린도전서 14:22이 신약성서의 방언을 해석하는 열쇠가 되는 구절(저자의 말에 따르면 "방언 사건을 살펴보는 거울", 32)이라고 주장한다. 그 근거는 이 구절이 신약성서에서 방언을 정의하는 유일한 구절이기 때문이라고 한다. 형식적으로 A=B라는 2형식 문장으로 되어 있기 때문에 고린도전서의 방언 구절 중에서 이것만이 방언에 대한 정의라는 것이다. 그래서 바울의 방언에 대한 견해는 이 구절을 열쇠로 해석해야 한다고 말한다.

한마디로 이 주장은 아마추어적 논증법의 전형이다. 첫째, 편지글에서 어떤 것에 대한 정의는 반드시 2형식 문장이 되어야만 하는 것은 아니다. 특히 분석하는 문장이 법조문이 아닌 이상 설명이나 언급이 더 직접적인 정의가 될 수도 있다. 저자는 고린도전서가 법조문이 아니라 편지글이라는 장르라는 것을 염두에 두지 않았다. 명확한 정의를 내리는 법조문과는 달리 편지글에서는 이야기의 흐름을 따라 자신의 주장을 펼친다. 바울이 고린도전서 12-14장에 걸쳐서 방언에 대해서 상론하기 때문에 그 전체의 흐름을 따라서 방언에 대한 바울의 생각을 정리하는 것이 옳다. 문장의 형식으로만 판별해서 유일한 방언에 대한 정의 구절이기 때문에 그것을 따라야 한다는 것은 매우 이상한 주장이다.

바울의 이야기 전개를 쭉 따라가면 결론은 14장 마지막 부분에 있음을 알 수 있다. 왜냐하면 바울이 방언에 대한 여러 측면의 논증을 한 다음 추론적으로 결론을 내리기 때문이다. 바울은 여기서 "그런즉"이라는 앞의 내용을 추론해서 결론을 내리는 접속사를 사용한다. 이 접속사 다음에 나오는 말이 바울의 주장의 요약이다. "내 형제들아 예언하기를 사모하며 방언 말하기를 금하지 말라. 모든 것을 품위 있게 하고 질서 있게 하라"(고전 14:39-40). 그래서 바울의 방언에 대한 태도를 알려면 이 구절에서 역으로 추론해서 앞 구절들을 해석해야 한다.

또 대부분의 학자들이 생각하는 대로 바울의 방언에 대한 정의는 14:2에 나타나 있다. 여기에는 방언의 성격이 신자가 하나님께 영으로 기도하는 신비의 언어라고 한 문장에 함축적으로 나타나 있다. 방언에 대한 기본적인 정의이다. 또 14:22은 형식상으로는 방언에 대한 정의 같지만 바울의 수사법을 따라가자면 이것은 통역되지 않고 공적으로 사용되는 방언의 결과에 대한 설명이다. 이 구절은 공적인 방언의 효과 혹은 결과에 대한 것이지 방언의 본질을 설명한 것은 아니다.

성경 교리는 설명하는 부분보다 교훈하는 부분에서 우선적으로 찾아야 하는가?

저자는 존 스토트를 따라 교리는 설명적인 구절에서보다 교훈적인 구절에서 우선적으로 찾아야 한다고 주장한다. 아마도 교훈적인 것이 더 명확하다고 생각하기 때문일 것이다. 하지만 구약성서 오경을 비롯해서 상당한 부분이 내러티브와 역사라는 장르로 되어 있는데 과연 구약도 이 방법으로 해석해도 되는지 묻고 싶다. 신약도 마찬가지다. 누가의 기록이 단순한 초기 교회의 역사가 아니라 역사를 전개함을 통해서 자신의 신학을 드러냈다면(대부분의 학자들의 생각이다) 왜 주로 교훈적인 바울에 의해서 해석되어야 하는지 도저히 이해되지 않는 주장이다.

사실 개혁주의적 전통에서는 바울의 신학을 열쇠로 해서 누가 신학, 요한 신학 등을 해석해 온 오랜 전통이 있다. 하지만 현대 신약 신학자들은 바울은 바울 되게, 요한은 요한 되게, 누가는 누가 되게 해석해야 한다고 본다. 일단은 각 저자의 입장에서 해석하고 후에 비교와 종합을 할 수 있다. 저자는 성서신학의 기본 입장을 모른 채 매우 교조적인 입장으로 성경을 접근하고 있다. 사도행전에 나타난 방언을 자체의 신학 원리에서 해석하지 않고 고린도전서 14:22의 렌즈를 통해서 보는 것(40)은 좋은 방법이 아니다. 이것은 성경 해석의 기본 원리에도 맞지 않다.

신약성서 이전에 유대교나 헬라 문화에서 성경과 같은 종류의 방언이 존재했는가?

저자가 증명하지 않고 당연시하면서 중요하게 생각하는 전제 중 하나는 바울과 누가가 방언을 말하기에 앞서 당시에 이방 종교에 방언이 광범위하게 존재했었다는 것이다. 하지만 이 전제는 논증이 필요한 것이다. 당시 이방 신전에서는 방언이 아닌 신탁을 행했다. 신탁은 설명되는 언어로, 방언처럼 모르는 말을 하는 것이 아니었다. 방언은 그 방향이 하나님께, 신탁은 사람에게 향해 있다. 최근 방언이 신약성서 이전에도 있었는가 하는 문제를 가지고 유대교와 헬라 문헌을 광범위하게 연구한 호벤덴에 의하면 신약의 방언과 같은 것은 이전의 그 어느 문서에도 확인할 수 없다고 한다. 이 분야 연구의 최고 전문가 중 한 명인 터너(Max Turner)도 최근의 논문에서 기독교의 방언은 종교적으로 완전히 새로운 것이었다고 말한다("Early Christian Experience and Theology of 'Tongues': A New Perspective", 31). 필자의 연구 결과로도 호벤덴의 주장이 옳다고 믿는다. 기독교 이전에 신탁이라는 형태의 광범위한 영적 현상이 있었으나 기도로서의 방언은 바울이 처음으로 말한 것이다.

방언을 사모하는 것은 하나님의 주권을 침해하는 것인가?

저자는 방언을 사모하라는 가르침이 은사는 하나님의 뜻대로 나누어 준다는 가르침에 정면으로 도전한 "성경 말씀에 철저히 반대되는 가르침"이라고 주장한다(211). 그리고 성령의 은사를 사모하라는 가르침(12:31; 14:1)에 대해서는 이상한 주석을 적용하여 오히려 은사를 사모하는 것을 꾸짖는 바울의 수사법이라고 한다. 특히 14:1에 "신령한 것"을 사모하라고 할 때, 예언으로만 제한한다. 이 주장은 논리에 심각한 문제가 있다. 신령한 것을 사모하되, 그 중에서 특히 예언만을 신령하다고 할 때, 수학적으로 말하면 예언은 신령한 것의 부분 집합인데 어떻게 모든 신령한 것을 포괄할 수 있는가? 바울이 하나님의 은혜로, 믿음으로 말미암아 우리가 구원을 받았다고 말했을 때(엡 2:8) 하나님의 주권을 침해하는 것이 아니듯이, 성령의 은사를 하나님의 주권으로 신자의 사모함으로 받는다는 것도 마찬가지다.

체험과 말씀은 항상 대립 구도로 이루어지는 것인가?

이 책을 읽다 보면 저자는 말씀에 의한 방언론을 전개하고, 많은 방언 체험자들은 말씀을 무시한 채 체험에 의지해서 방언론을 전개한다고 주장한다. 그런데 방언 이해에 있어서 말씀과 체험의 관계는 간단하고 단순치 않다. 어떤 사람이 영어 문법과 문학을 대학에서 전공해서 박사 학위를 받은 것과 미국에서 1년 살다 온 것을 말씀과 체험의 대립 구도로 해설할 수 있을까? 미국 체험이 문법과 문학 이해에 도움이 되지 않을까? 또 학문적 문법 이해가 체험하는 데도 용이하게 하지 않을까? 사실 방언이 무엇인지 어떤 체험도 없이 성경 내용의 문법과 정황만 보고 분석하면 가능하다고 주장하지만(이론적으로), 실제로 성경 해석에 있어서 크리스천들은 이와 반대 입장을 주로 취한다. 예를 들어 불신자가 성경을 문법과 정황만 분석하면 올바로 해석할 수 있을까? 필자의 대답은 "아니다"이다. 아마도 저자도 같은 생각일 것이다. 또 성경의 저자가 말하는 것은 실제로 체험할 때 더 확실히 다가온다. 하지만 성경의 내용을 잘못 이해할 때 올바른 체험 또한 할 수 없다. 실제로는 말씀과 특히 말씀의 내용의 체험은 역동적이다. 말씀을 올바로 이해하면 말씀의 체험으로 이어지고 또 다른 말씀의 깊은 이해로 인도되며 또한 말씀의 내용을 체험하게 한다.

이상을 통해서 볼 때 저자가 주장하는 본래 방언은 사도 시대에만 한정적으로 주어졌던 것이며, 방언은 모두 실제 외국어였고, 방언은 바울이 혐오했던 것이었기 때문에 현대 방언은 성경의 방언이 아니라는 주장은 그 성경적·논리적 근거가 없다고 할 수 있다. 저자가 논증을 하는 기본 전제들이 거의 맞지 않는다. 저자의 주장이 맞으려면 증명하지 않은 위의 가정이 다 맞아야 하는데 그럴 가능성은 거의 없다고 보아야 한다.

2. 존 맥아더의 방언 중지론

이 주제에 관해서 존 맥아더가 획기적으로 새로운 주장을 하는 것은 아니다. 그는 워필드, 개핀 등을 따라서 방언 중지론 입장에 서 있다. 그의 주장은 다음과 같다.

바울은 방언을 규제하려고 했었다

방언론에서 가장 중요한 것은 바울의 방언관을 어떻게 이해하고 있는가이다. 방언 중지론적 입장에 서 있는 사람들은 대개 바울이 방언을 부정적으로 평가했었다고 생각한다. 존 맥아더도 예외는 아니다. 그는 방언의 은사가 은사 중에서 본래 "열등한" 것이었다고 주장한다(『무질서한 은사주의』, 371). 방언은 교회를 세우지 않고 자기 자신을 세우는 데 악용될 가능성이 농후한 은사라는 것이다. 그래서 바울은 고린도교인들이 좋아하는 방언을 규제하려고 고린도전서 12-14장을 쓴 것이라고 한다. 그는 바울이 방언 자체를 비난한 것은 아니라고 말하기도 하지만(360) 그의 글의 전반적인 기조로 볼 때 방언을 부정적으로 평가하기 위한 예비 단계로 행한 '립 서비스'(lip service)에 불과하다. 존 맥아더는 바울이 방언의 은사를 그렇게 높이 평가하지도, 또 사용하기를 권장하지도 않았다고 한다. 바울은 고린도전서 14장에서 방언을 사적으로 사용하여 자신의 유익을 취하는 사람들을 책망하고 있다고 한다.

방언의 은사는 그쳤다

존 맥아더는 바울이 방언을 높게 평가하지도 않았을 뿐만 아니라 지금은 방언도 그쳤다고 한다. 고린도전서 13:8에 있는 "방언도 그치고"라는 말씀이 실현되었다는 것이다. 그는 방언이 그쳤다는 증거를 다음과 같이 세 가지로 든다. 첫째, 방언은 기적적·계시적 성격의 은사인데 이 은사는 사도성의 표시였고 따라서 사도 시대의 종결과 함께 방언은 사라졌다. 둘째, 방언은 불신앙의 유대인들에게 표적으로 사용하기 위해 주어진 은사였기 때문에, 이제 이방인을 포함하는 신학을 펼치는 새 시대에는 더 이상 필요 없다. 셋째, 역사적으로도 방언이 그쳤음이 입증된다. 신약에서 초기에 기록된 책에만 방언이 언급된 것은 방언이 그쳤기 때문이다. 또 그 후 교회사에서 볼 때도 방언은 그친 것이 입증된다(368-375).

현재 교회에서 나타나고 있는 방언은 가짜다

방언이 사도 시대 종결로 그쳤다면 지금의 방언은 무엇인가? 그 논리적 귀결은 현재 행해지고 있는 방언은 가짜라는 것이다. 특히 존 맥아더는 바울이 말한 방언은 본래 언어였다고 주장한다 (이 주장은 대다수의 학자들의 지지를 받지 못한다). 언어학적으로 분석해 본

결과 현재 행해지고 있는 방언은 언어가 아니라는 것이 입증되었으므로 현대의 방언은 다 가짜일 수밖에 없다고 한다. 사탄으로부터 기원했거나 아니면 심리적 이상 상태에 의한 행동이거나 아니면 단순히 학습된 것이라고 주장한다(379-389).

방언은 성경이 아니라 체험에 근거한 것이다

현재 방언이 있다고 하는 사람들과 방언을 체험한 사람들은 무엇에 근거해서 방언을 긍정하는 것인가? 존 맥아더는 성경에 근거한 것이 아니라 단연코 체험에 근거한 것이라고 한다. 흔히 방언을 올바로 이해하려면 체험해야 한다고 하는데, 존 맥아더는 이 주장 자체가 말씀에 근거한 것이 아니라 체험으로 말씀을 이해하려는 전형적인 태도라고 본다(17-18). 그는 방언을 하는 은사주의자들의 잘못된 체험에 의한 주장을 길게 열거하면서 말씀에 근거하지 않고 체험에 의한 근거는 잘못되었다고 주장한다. 은사주의자들이 방언을 비롯해서 여러 가지 은사와 기적이 현재에 있다고 주장하는 것은 완전히 체험에 근거한 주장이라고 한다.

존 맥아더의 은사주의자들에 대한 평가는 매우 극단적이다. 그는 은사주의자들을 말씀을 완전히 도외시하고 개인 체험을 말씀 위에 놓은 매우 위험한 집단이라고 한다. 그는 은사주의를 성경을 통해 경험을 검증하지 않고, 대신에 경험으로 성경을 검증하는 오류를 범하고 있는 집단이라고 평가한다(15). 그는 은사주의자들을 다음과 같이 평가한다.

대부분의 은사주의자는 (그들이 자신에게 정직하다면) 성령이 아닌 개인적 아닌 개인적 경험이 자신들의 신념 체계의 기초임을 인정할 수밖에 없을 것이라는 점에는 별로 의문의 여지가 없다(26).

…일반적으로 은사주의자들은 성경을 체험에 맞추려고 애쓰거나 여의치 않으면 그냥 성경을 무시한다(31).

은사주의자들이 오류에 빠지는 이유는 참된 체험이란 진리에 대한 반응으로 일어난다는 점을 이해하기보다는 자신들의 가르침을 체험 위에 구축하려는 경향이 있기 때문이다(27).

은사주의자들은 체험을 자신들의 실제적 근거로 삼으면서 그와 동시에 성경을 붙들려고 하기 때문에 심각한 모순에 사로잡힌다(52).

오늘날에도 체험을 극단적으로 강조하는 은사주의 운동 내의 많은 사람은 위험스러울 만큼 신종 바알 신앙에 가깝다(58).

존 맥아더는 "하나님의 말씀보다 체험을 더 추구해선 안 된다. 모든 체험은 성경의 확인과 검증을 받아야 한다"(50)고 주장한다. 그는 은사주의자들의 발흥에 대해서 종교개혁자들이 주창한 이른바 '오직 성경'(sola Scriptura)을 재천명해야 함을 느끼고 있다. 그는 신앙이 체험에 근거하는 대신 건전한 교리에 근거해야 함을 역설한다(61).

방언을 주장하는 자들은 대개 우둔한 사람들이다

그러면 은사주의자들은 바울이 추천하지도 않았고, 지금은 그쳤으며, 사탄적이거나 인위적이며 단순히 개인 체험에 의한 방언을 왜 주장하는가? 존 맥아더의 대답은 단순하다. 이들은 우둔하기 때문이다. 그는 은사주의자들을 "열심이지만 우둔한"(53) 사람들이라고 한다. 또 은사주의자들은 "반(反)지성주의"를 따른다고 한다. 그는 오순절주의자들을 기독교의 의붓자식이라고 한 패커를 따르고 있는 것이다.

체험에 근거한 존 맥아더의 주장

한마디로 말해, 존 맥아더의 『무질서한 은사주의』에서 그의 방언에 대한 주장의 근거는 매우 미약하고, 문헌의 인용에서도 균형을 잃었다. 그가 은사주의자들의 오류라고 제시하는 예들은 매우 극단적인 것으로 보편적인 은사주의자들의 주장이나 일상이 아니다. 그의 주장이 성경적 근거가 없다는 것을 다음과 같이 지적한다.

방언을 말하는 사람은 모두 '은사주의자들'인가?

존 맥아더는 온갖 허무맹랑한 주장을 하는 사람들을 열거하면서 이들을 은사주의자들에 포함시킨다. 저자가 말하는 은사주의자들이란 대체 어떤 자들인가? 그는 무엇이든지 성경에 근거하지 않고 허무맹랑한 체험을 이야기하는 이들을 여기에 다 포함시킨 것 같다. 천국에 갔다 온 이야기로 우리에게도 익숙한 펄시 콜레(Percy Collett) 박사도 이 범주에 포함시키다니, 정말로 아연실색하지 않을 수 없다(28ff.). 어떻게 그 사람과 성경 말씀에 따라 은사의 지속성을 주장하는 건전한 신앙인을 동일선상에 놓을 수 있는가? 저자는 초자연적 은사가 지금도 계속된다고 믿는 사람들은 모두 은사주의자로 규정한다. 아브라함을 위대한 사람이었다고 믿는 사람은 모두 같은 신앙을 가진 사람으로 규정하는 것과 비슷한 이치이다. 저자는 은사주의자들을 보다 명확하게 규정해야 했다. 성경적으로 지금도 성령의 은사가 지속된다고 믿고 그것을 체험하려는 사람들과, 허무맹랑하게 자신의 체험만을 이야기하는 사람과는 전혀 다른 입장인 것이다.

방언 중지론은 정말 성경에 근거한 주장인가?

바울이 방언에 대해서 어느 정도 혐오감을 갖고 있었고, 방언이 이제 그쳤으며, 현재 행해지고 있는 방언은 모두 가짜라는 존 맥아더의 주장은 전혀 새로운 것이 아니다. 전형적인 은사 중지론자들의 주장이다. 하지만 위 주장 중 그 어느 것도 성경적으로 확증할 수 없다. 바울은 방언 혐오자도 소극적 인정자도 아니었으며 방언 자체에 대해서 긍정적인 생각을 가진 사람이었다. 방언이 성령의 은사의 하나라면 어떻게 부정적인 것이라고 말할 수 있는가? 성령의 선물이 어떻게 그 자체로 부정적인 것이 될 수 있는가?

또 방언이 계시적 성격의 은사이기 때문에 사도들의 사라짐과 함께 그쳤다는 방언 중지론자들의 고전적인 주장도 성경적 근거가 전혀 없다. 우선 바울은 성령의 은사 중 계시적인 성격의 은사를 따로 분류한 적이 없다. 설혹 지금 방언 은사의 성격을 분석하더라도 계시 성격의 은사가 아니다. 방언이 통역되면 계시적 성격을 가진다고 하지만 방언의 성격을 완전히 오해한 말이다. 방언은 신자가 성령의 인도함에 따라 사람이 알아들을 수 없는 발음으로 하나님께 기도하는 것으로 계시의 방향과는 반대 방향이다. 계시가 되려면 하나님께로부터 사람에게로 와야 하는 것이다. 또 기적적인 은사는 사도성의 표시였기 때문에 그친 것이라는 주장도 바울의 가르침이 아닐 뿐 아니라 "나를 믿는 자는 내가 하는 일을 그도 할 것이요 또한 그보다 큰일도 하리니"(요 14:12)라는 예수의 가르침을 정면으로 배격하는 것이다. 이들은 기적은 사도들에게만 한정되었고 다른 것은 후대의 모든 제자들도 똑같이 적용하라고 주어졌다고 하는데 신약성서 자체에서 명시적으로 전혀 언급된 사항이 아니다. 그냥 임의로 해석한 것이다. 자기들의 현재 신앙에 부합하는 것은 영속적인 것으로, 그렇지 않은 것은 사도성의 표시였기 때문에 그친 것이라고 주장하는 판국이다.

또 워필드를 따라 서기 58년 이후에는 기적이 없었다는 주장은 너무도 자의적이다. 그 이후에 이레니우스의 글을 비롯해서 여러 문서에 많은 기적이 기록되었지만 잘못된 판단으로 치부한다. 특히 요한문헌, 야고보서, 후대 바울서신에 방언이 기록되지 않았기 때문에 방언이 그쳤다는 주장은 성경을 완전히 곡해한 것이다. 만약 이런 식으로 성경을 해석하면, 요한복음에는 교회라는 말이 나오지 않으니 요한은 교회를 부정했던 자요, 요한복음과 요한일서에 많이 언급되던 성령이 요한이서와 삼서에는 더 이상 나오지 않으니 요한이서와 삼서의 저자는 성령 부정론자라고 해야 할 것이다.

방언 체험자는 단순히 체험에 의해 방언을 이해하는 것인가?

존 맥아더의 주장 중 가장 눈여겨보아야 할 것이 체험에 대한 부분이다. 은사주의자들의 주장은 체험적이고, 자신의 주장은 성경적이라는 것이다. 성경에서 근거를 찾을 수 없는 것을 주장한다면 말씀이 아니라 체험에 의한 주장이라고 할 수 있다. 하지만 성경에 나오는 방언을 체험한 상태에서 방언을 연구하는 것이 체험적인 주장인가? 이에 대해 존 맥아더는 그렇다고 말하는 것 같다. 거듭난 체험을 한 후에 성경을 해석하는 것은 말씀에 의하지 않고 체험에 의한 것인가? 아니다. 오히려 우리는 거듭난 체험이 있어야만 성경을 제대로 볼 수 있다.

그러면 성경에 나오는 초자연적 은사에 대해서 누가 올바로 이해할 수 있을까? 첫째, 방언을 체험했지만 성경을 전혀 연구하지 않고 자신의 개인적 체험에 의해서만 방언의 성격을 규정하는 사람. 둘째, 성경을 매우 정교하게 연구하는 자로서 방언을 체험하고 이에 관한 성경 구절을 연구하는 사람. 셋째, 방언을 체험하지 못한 상태에서 방언의 성경적 근거를 연구하는 사람. 존 맥아더는 이 중 첫 번째 사람과 두 번째 부류의 사람을 구분하지 않으며, 자신은 세 번째에 속한 사람으로서 방언을 올바로 이해하고 있다고 한다. 하지만 이것은 성경 이해의 기초를 부정하는 것이다. 기독교 진리는 성경 진리의 모든 것을 체험하기 전에 먼저 연구해서 확증해야 하는 것은 아니다. 때로는 체험하고 성경을 배울 수도 있고, 체험으로 인해 말씀이 말씀의 본래 자리대로 보일 수도 있다. 방언을 체험하고 성경에 나오는 방언을 연구하는 것은 말씀을 무시하고 체험적으로만 방언을 보는 것은 아니다.

우둔한 사람들만 방언을 주장하는가?

마지막으로 존 맥아더가 은사주의자들을 우둔한 사람들이라고 표현한 것은 동료 크리스천에 대해서 지나치게 모멸적인 언사를 사용한 것이다. 물론 은사를 체험한 사람들이 전반적으로 민초 출신이 많았기 때문에 엘리트 의식을 가진 존 맥아더의 눈에는 그렇게 보였을 것이다. 하지만 설혹 사실이라고 해도 동료 크리스천을 "바보들"이라고 몰아붙이는 것은 성숙한 신자의 행동이 아니다. 예수님을 따랐던 사람 중에 갈릴리 출신 민초들이 많았었지만 예수님도 또 어떤 신약성서 저자도 이들에게 "우둔한" 혹은 "반지성적인"이라는 낙인을 찍지는 않았었다. 그리고 현재는 은사를 체험하고 긍정적으로 평가하는 사람 중에는 "우둔한" 사람들만 있는 것은 아니다. 국내외적으로 은사를 체험한 사람 중에는 고도의 전문적 학문을 하는 사람들이 많이 있다. 이 비판은 적절하지도, 더 이상 유효하지도 않다.

누가 체험에 의한 주장을 하는 자인가?

은사주의자들을 체험주의자들이라고 보는 것은 대단한 오해요 곡해다. 사실 은사주의자들이야말로 말씀 중심주의자들이다. 왜 성령의 은사를 주장하는가? 그 이유는 그것이 성경에 있고 지금도 계속되고 있기 때문이다. 은사주의자들은 성경을 문자 그대로 믿는 사람들이다. 세계적인 은사 운동가인 라인하르트 본케(Reinhard Bonnke)는 성령의 은사를 논하는 『강력한 성령의 나타남』이라는 최근의 저술 서문에서 은사주의자들의 입장을 잘 대변한다. "계속해서 성경은 우리의 최종 권위이다"(6). "경험에 대한 도전은 성경에서부터 나와야만 한다. 경험이 성경을 도전해서는 안 되며, '일어난 사건'에 꿰어 맞추어도 안 된다"(7). 오순절 운동의 시작은 베델 신학교에서 성경을 연구하다가 일어난 것이다. 체험을 하고 그것을 성경적으로 설명해 보려는 것이 아니었고, 성경을 연구하면서 전체 학생들이 깨달은 것을 체험하게 된 것이다.

오히려 필자는 존 맥아더야말로 체험에 의한 주장을 하고 있다고 본다. 그는 그의 책 제1장 "경험은 진리의 타당한 기준인가?"라는 장을 마무리하면서 체험이 아니라 건전한 교리에 신앙이 확립되어야 한다고 말한다. "참된 체험은 건전한 교리에서 생겨나야 한다"는 것이다(61). 그는 성경과 그가 말하는 "건전한 교리"를 거의 동일선상에 놓는 것 같다. 그는 체험 대 말씀을 외치지만, 사실 그의 책을 읽으면서 내가 받은 인상은 (자신이 믿고 있는) 교리 대 (자신이 믿고 있지 않는) 체험을 논하고 있다. 존 맥아더는 칼뱅-워필드-개핀-패커로 이어지는 칼뱅주의적 은사 중지론의 교리를 믿고 있고, 그것에 따르지 않는 것을 체험에 의한 주장이라고 한다. 교리란 시대와 사람에 의해 형성된 그 시대의 성경 해석이다. 개인적인 것이라기보다 어느 정도 집단적이고 또 시간의 검증을 거쳤기 때문에 특정한 체험에 근거한 것보다는 건전하다. 하지만 교리는 여전히 말씀 자체와는 구별된 것이다. 교리는 어떠한 경우에도 말씀의 검증을 새롭게 받아야 하며, 말씀에 따라 새로워져야 한다. 교리를 신봉하는 것은 사실 오랫동안 지속된 집단 경험인 전통을 신봉하는 것이다. 아이러니하게도 교리를 신봉하는 사람은 은사주의자들이 아니라 바로 존 맥아더류의 은사 중지론자들이다. 필자가 보기에는 은사 중지론자들은 말씀 자체보다도 전통과 교리를 더 중시하는 체험에 의한 주장을 하는 사람들이다.

3. 박영돈의 방언 소극적 인정론

고신대 신학대학원의 박영돈 교수는 『일그러진 성령의 얼굴: 한국 교회 성령 운동, 무엇이 문제인가』(2011)라는 제목의 책을 냈다. 이 책은 한국 교회에서 최근 논쟁이 되고 있는 치유와 방언과 성령 세례의 문제를 이론적·실천적으로 다루고 있는데, 나오자마자 신앙 서적 분야에서 일약 베스트셀러 반열에 올랐다. 무엇이 한국 교회 일부 신자들로 하여금 이 책에 열광하게 하는가? 박 교수가 주장하는 성령의 사역에 관한 성서적·신학적 토대는 무엇인가?

성령 충만, 실패한 이들을 위한 은혜?

이 책을 쓰기 전 박 교수는 『성령 충만, 실패한 이들을 위한 은혜』(2008)라는 책을 낸 적이 있다. 책의 제목이 시사하는 바와 같이 성령 충만은 자신의 힘으로 그것을 위해 어떤 일도 할 수 없는 무력감을 느끼는 이에게 임하는 은혜라는 것이다. 그에 의하면 성령 충만이란 "우리(개인이나 공동체)의 전 존재와 삶이 성령의 임재와 영향력에 의해서 침투되어서 성령에 의해 지배되고 인도되는 것"이다(89; cf. 56).

이렇게 보면 한국 교회는 성령 충만하지 못한 교회라고 할 수 있다. "하나님에 대한 신앙과 열심마저도 세속적 욕망을 충족하기 위한 도구가 되어 버린다"(25). 이런 사람들은 "…굉장한 은사 체험은 있을지라도 거룩한 삶의 열매는 없다"(26). "은사 운동은 성령의 능력과 은사까지 이기적 자아실현의 동력과 목회 성공의 수단으로 삼으려는 부패한 욕망으로부터 가열될 때가 많았다"(26). "그들이 진정으로 원하는 것은 성령 충만이 아니라 자기 성공을 위한 능력이다"(55). 이렇게 인간의 욕심을 따라 성령의 은사를 체험하려고 하는 잘못된 의도를 지적하는 면에서 이 책의 내용은 구구절절이 옳다. 글을 읽어가다 보면 내용에 저절로 아멘이 나온다.

문제는 박 교수가 성령 충만을 주로 인격의 열매로만 정의하는 데 있다. 그는 이 용어를 나름대로 정의하여 일관성 있게 쓰고 있다. 그런데 이 용어는 신학 용어이기에 앞서 성서 용어라는 데 문제가 있는 것이다. 신약성서에 나오는 15번의 용례가 이를 지지하는가 하는 질문을 해야 할 것이다. 사실 성령 충만이라는 용어는 에베소서 5:18에 등장하는 것을 제외하고는 모두 누가 문헌(누가복음과 사도행전)에만 나온다. 즉, 이 단어는 누가의 전문 용어다. 핵심은 누가가 이 용어를 어떤 의미로 사용했는가 하는 것이다. 성령은 하나님이고 인격이기 때문에 사실 어떤 그릇에 담긴 내용물처럼 충만할 수 없다. 여기서 충만이란 성령 체험에 대한 비유적 표현이다.

누가는 이 용어를 성령 체험에 쓰고 있는 것이다. 크게 보면 누가는 이것을 순간적으로 성령을 체험하는 것(행 2:4, 4:8, 31; 9:17)과 그것이 성품화된 것(행 6:3, 7:55, 11:24; 13:52)에 모두 사용하고 있다. 또 목적으로 보면 구약과 유대교 전통에 따라 성령 충만은 하나님의 사역을 감당하기 위한 능력을 체험하는 것에 주로 쓰였다. 성령은 하나님의 사람에게 능력을 옷 입히는 것이다(눅 24:49). 또 성령 충만은 단순히 어떤 증인으로서의 사명을 감당하는 것뿐만 아니라 그리스도인으로서 하나님의 성품이 그 안에 내재되어 밖으로 나타나는 것에도 쓰였다. 사실, 누가의 강조점은 전자에 있었다. 그런데 박 교수는 사실상 전자는 거의 부정하고 후자의 의미로만 이 단어를 사용하고 있다. 그 결과 그는 사람의 성품을 변화시키는 것을 제외한 증인의 사명을 감당하기 위한 성령의 능력 체험을 실제로 거의 도외시하고 있다.

무엇이 성령의 얼굴을 일그러지게 했는가?

이러한 입장은 『일그러진 성령의 얼굴』에도 그대로 나타나 있다. 그는 오순절 운동에 대해서 불편한 심경을 감추지 않는다. 오순절 운동이 주장하는 성령세례, 은사 갱신, 방언 강조, 치유, 개인이 하나님의 음성을 듣는다고 하는 것 등에 불쾌감을 나타낸다. 이것들은 말씀을 말씀되게 하는 데 방해가 된다고 한다.

『일그러진 성령의 얼굴』는 개혁주의적 입장에서 오순절신학과 그 행태들을 비판한 것이다. 그런데 이 책이 전통적인 개혁주의에 비해 진일보한 것은 개혁주의 입장도 일부 비판한다는 것이다. 그래서 일견 이 책이 취한 입장이 꽤 객관적인 것처럼 보인다. 우선, 박 교수는 전통적 개혁주의자들이 주로 취했던 은사 중지론을 따르지 않는다. 은사는 지금도 존재할 뿐 아니라 귀한 것이라고 한다. 또 은사 중지론자들이 방언의 유용성 자체를 부인하는데 비해 박 교수는 방언이 성령의 은사이며, 영으로 기도함으로 하나님과의 교제가 깊어짐을 인정한다. 책 내용도 극단적인 은사 중지론자도 비판하고 또한 적극적인 은사 옹호자도 비판한다.

이런 면에서 이 책은 나름 의미 있는 저술이라 할 수 있다. 이 책은 개혁주의의 소리를 단순히 앵무새처럼 반복한 것은 아니다. 또 성령 운동에 있어서 성령 운동가들의 태도가 어떠해야 하는지를 잘 보여 준 책이다. 하지만 이 책을 읽으면서 필자는 이 책의 저자는 오순절적 체험이 없을 뿐만 아니라, 오순절 신자가 체험하고 믿는 것에 대해서 매우 피상적인 이해를 가지고 있다는 것을 확인할 수 있었다. 대부분의 은사 비체험자들처럼 그도 성령의 은사를 강조하면 당연히 성령의 열매를 무시하는 것이라고 흔히 생각하지만 그것은 사실이 아니다.

한마디로 박 교수가 그의 책에서 필자의 입장을 비판할 때 필자의 견해를 오해하는 것도 있었고, 필자가 박 교수의 견해에 동의할 수 없는 것들도 있었다. 방언에 관해서 그가 말한 것 중에서 몇 가지만 추려서 간단히 논박하면 다음과 같다.

방언을 체험하라고 권유하는 것은 하는 자와 못하는 자 사이에 갈등을 조장하게 되는가?

박 교수가 그의 책에서 필자를 비판하는 중요한 내용 중 하나는 필자가 성서에서 허용된 범위보다 방언을 지나치게 강조하여, 독자에게 방언을 체험하라고 권유한다는 것이다. 이것은 결국 후에 성도를 방언을 체험한 자와 못한 자로 가르게 되어 교회 내에 갈등을 조장하게 된다는 것이다. 체험한 자는 영적 우월의식에 빠지게 되고, 체험하지 못한 자는 소외감에 빠져 체험한 자와 못한

자 모두에게 득이 되지 않는다고 한다. 방언은 소중한 것이지만 하나님이 그 뜻대로 주시기 때문에 체험하고 못하고는 하나님께 맡겨야 한다는 것이다.

이 점에 있어서 필자는 나름대로 확고한 성서적 근거를 가지고 있다고 생각한다. 바울은 교회에서 사용되는 모든 은사는 성령의 뜻대로 주어진다고 하면서(고전 12:11), 동시에 은사를 사모하라고 권하며(고전 12:31; 14:1), 방언에 대해서는 모든 사람이 경험하기를 소원하고 있다(고전 14:5). 필자가 말하고 있는 바가 바로 이것이다. 필자도 바울처럼 이 은사를 체험한 자로서 그 소중함을 체득하였기에 다른 동료 신자들도 똑같이 체험하기를 소원하고 있는 것이다. 그래서 다른 신자들도 체험하기를 소망하는 것이다.

물론 이런 소원을 가졌지만 체험하지 못해 상처받는 사람들도 있을 것이다. 그렇기 때문에 방언을 강조해서는 안 된다는 박 교수의 지적은 타당하다. 필자는 방언 체험 자체를 신앙 성숙의 척도로 삼는 것에 반대한다. 하지만 바울 자신도 그런 상황을 알면서도 고린도교인들에게 체험을 권면했던 것을 기억해야 할 것이다. 성경의 입장이 우리의 기준이라면 우리는 어떤 이유를 대서든 바울보다 더 나가거나 뒤로 물러서면 안 될 것이다. 바울이 방언 체험을 권했기 때문에 우리도 그렇게 하는 것이다.

방언은 인위적으로 체험될 수 있는 것인가?

박 교수가 방언에 대해서 또 한 가지 강조하는 것 중의 하나는 인위적으로 방언을 체험하도록 조장하지 말라는 것이다. 이 말은 아마도 필자나 김우현 감독이 하는 것같이 이른바 방언 체험하는 집회 같은 것을 하지 말라는 것으로 보인다. 하나님이 주시면 체험하면 되지만, 방언을 달라고 조르거나 인위적으로 분위기를 조성해서 받도록 하지 말라는 것이다.

그런데 필자는 이 주장에 대해서 이런 질문을 던지고 싶다. "방언이 과연 인위적으로 조장해서 체험될 수 있는 것인가? 강사가 최면을 걸어 모임에 참여한 사람들이 자동적으로 방언을 하도록 할 수 있는 것인가? 지금 이른바 방언 운동을 하는 사람들은 다 이렇게 방언을 조장하는 사람들인가?"

물론 현재 체험하고 있는 방언 중에는 위에서 말한 인위적인 것도 있을 것이다. 그런 운동에 대해서 철저히 비판해야 한다는 데 필자도 동의한다. 하지만 집회에서 같이 기도하면서 수많은 사람이 놀랍게 방언을 체험하는데, 그것을 어떻게 강사가 조장하는가? 만약 그렇게 할 수 있다면 한번 해 보라고 말하고 싶다. 그리고 그 사람들이 집회가 끝난 후에 집이나 교회에서도 계속 방언으로 기도하는데 그때는 어떻게 최면을 걸 수 있단 말인가?

방언 체험에 대해서 지나치게 진위 논란을 일으키는 사람들은 대부분 비체험자들이다. 그 실상을 잘 모르기 때문이다. 방언 체험에 대해서 박 교수의 말대로 그것이 성령으로부터 온 것인지, 아니면 인위적인 것인지를 객관적으로 판단하기는 불가능한지도 모른다. 하지만 여기서도 바울이 말한 바는 어떤 객관적인 외적 판단 기준보다도 영분별의 은사를 통한 분별이다. 바울은 올바른 성령의 은사자는 반드시 신앙 고백자가 해야 하는 것이며 (고전 12:3), 또 이것을 다른 신앙 고백자들에게 임하는 영 분별의 은사를 통해서 확인할 수 있는 것이라고 한다 (12:10). 그렇다면 무엇을 두려워할 필요가 있는가? 가짜 방언을 경계해야 하겠지만 지나친 경계는 방언 체험을 방해할 수도 있다는 것도 잊지 말아야 하겠다.

방언 체험자의 시각에서 방언을 해석하는 것도 치우친 것인가?

박 교수는 방언 체험자도 비체험자도 각각 방언을 잘못 해석할 수 있는 가능성이 열려 있다고 말한다. 전자는 체험에 의해서 성서에 있는 방언에 대한 긍정적인 면만 강조하고, 위험성을 간과할 우려가 있다고 한다. 역으로 후자는 반대로 강조할 우려가 있다고 말한다. 이 점에 있어 필자는 박 교수의 말에 전적으로 동의한다. 또 본서 초판에서 방언의 유익에 비해 방언의 오용 가능성에 대해서 충분히 다루지 않은 점에서 최소한 분량 배정에 있어 어느 정도 균형을 잃었다는 것도 인정한다. 굳이 변명을 하자면, 본서는 기본적으로 방언을 인정하지 않는 사람들에 대해서 논박하는 것이기 때문에 그 쪽에 집중해서 기술할 수밖에 없었다.

하지만 여전히 필자는 똑같은 성서 해석 지식과 비슷한 성숙도의 인격 소유자라면 방언 해석에 있어서는 체험자가 비체험자보다 유리한 입장에 서게 된다고 본다. 모든 방언 체험자는 비체험자였다가 방언 체험자가 된 것이다. 체험자는 방언 체험 이전과 이후에 대해서 확실히 알고 있다. 바울이 어떤 의미로 자신이 방언을 말하는 것에 감사하고 있고, 또 다른 신자들도 방언을 체험하라고 하는지도 체득하게 된다.

물론, 이런 점도 있다. 고린도교인들도 대부분 방언 체험자였으나 방언에 대한 오해가 있었다. 그래서 바울은 그 오해를 바로

잡고자 했다. 그런 면에서 방언 체험자라고 해서 그 체험 자체로 방언을 올바로 해석하게 되는 것은 아니다. 성경 본문을 얼마나 잘 해석하느냐는 성경을 얼마나 주석적·신학적으로 이해할 수 있는가와 자신의 전제에 대해서 겸허하게 점검해 볼 수 있는가 하는 해석자 자신의 신앙 인격에 관련되어 있다. 하지만 여기에 있는 내용과 같다면 방언 체험자는 비체험자보다 그 실체를 보다 잘 파악할 수 있다고 보아야 할 것이다.

진짜 방언의 은사를 받았는지는 성령의 열매를 통해서만 증명되는 것인가?

박 교수는 바울이 고린도교인들에게 권면한 방언의 은사가 형태적으로 어떤 것이었는지 정확히 알 수 없다고 전제하면서, 방언의 은사를 진정으로 받았는지는 결국 성령의 열매를 맺는 것을 통해 증명된다고 주장한다. 이러한 주장은 매우 일반적인 주장이지만 성령의 열매와 은사의 관계에 대한 혼돈에서 온 것이다. 성령의 열매를 맺고 충만하게 되는 것은 성령의 역사에 다 나타나는 것이기 때문에 이 열매가 나타나지 않으면 어떤 것도 성령의 역사가 아니라는 것이다.

이러한 주장은 꽤 설득력이 있는 것 같아 보이지만 바울이 설명하는 은사와 열매의 관계는 아니다. 바울은 초자연적인 성령의 역사는 신앙고백을 하는 이에게 나타나는 것으로 보았다(고전 12:3). 이 사람이 크리스천으로서의 인격이 아직 충분히 발달하지 않았다고 해도 공동체 안에 있으면, 그 공동체에 계신 성령이 그 사람에게도 임한다는 것이다. 크리스천의 인격이 어느 정도 형성되어야 성령의 은사가 나타나는 것은 아니다.

물론 바울은 이 은사와는 별도로 크리스천에게 성령의 열매가 나타나야 함을 강조한다. 그 길을 통해서 성령의 열매가 나타나야 한다는 것이다(고전 12:31). 그렇다면 이론상 성령의 은사는 사실 성령의 열매가 풍성하지 않아도 나타날 수 있다는 것이다. 물론 바울은 그것이 바람직하지 않다고 보았다. 열매와 은사가 같이 가야 한다고 말한다. 하지만 열매가 풍성하지 않다고 그것이 성령의 역사가 아닌 것은 아니다. 성령의 역사는 그 사람의 신앙고백을 통해서 최소한도로 증명되고, 성경의 원칙과 영분별의 은사를 통해서 분별하는 것이다.

위와 같이 박 교수와 필자는 동의하지 않는 부분이 많지만 현재 방언이 존재하고 있으며, 방언은 고귀한 것이고, 올바로 활용하면 신앙의 유익이 된다는 데 동의한다. 개혁주의적 보수 진영에서 이만큼의 견해를 가진 것도 은사 중지론의 도그마에서 벗어난 것으로, 이전의 견해에 비해 매우 진일보한 것이다. 하지만 여전히 은사 체험을 적극적으로 격려하지 않으며, 사실상 어떻게 해야 성서적으로 은사를 체험하게 되는지에 대한 실제적인 지식이 저자에게 결여되어 있다는 점에서 『일그러진 성령의 얼굴』의 한계는 분명하다.

4. 중단되어야 할 주장, 기적 은사 중지설

은사 중지론에 대해서 조금만 관심 있는 사람이라면 저자의 주장이 새로운 것이 아님을 어렵지 않게 알 수 있다. 사실 성서학자나 신학 전문가가 아닌 사람이 미묘한 문제를 자기 혼자의 힘으로 해결했다고 믿는 사람은 아무도 없을 것이다. 워필드나 특히 개핀의 글을 읽어 보면 저자가 이들에게서 상당한 정도의 내용과 논리를 빌려왔다는 것을 금방 알아챌 수 있다.

워필드

워필드는 현대 은사 중지론자들의 대부(代父)다. 그는 1918년에 『모조 기적』(Counterfeit Miracles)이라는 제목의 책을 냈는데, 그 내용은 그 책 제목에서 암시하듯이 기적은 사도의 표식이었기 때문에 현대에는 기적은 더 이상 없으며, 현재 교회에서 기적이라고 일컬어지고 있는 것은 모두 모조요 가짜라는 것이다. 그는 사도 시대의 교회의 특징을 기적을 행하는 교회라고 하면서 기적이 이제 중지되었음을 다음과 같이 주장한다(『기독교 기적론』, 12).

교회에서 기적이 일어나는 상태는 언제까지 지속되었을까? 그것은 특별히 사도 시대의 교회를 구별하는 특징이었고, 따라서 철저히 사도 시대에 속했다. 물론 그 기간을 칼로 자르듯 정확히 꼬집어 말할 수는 없다. 이 은사들은 초대 기독교가 자생적으로 얻은 자산도 아니었고, 사도들의 교회나 사도 시대의 그 자체의 자산도 아니었다. 분명히 사도들에 대한 보증이었다. 이 은사들은 하나님께서 교회를 세우라고 권위를 부여하여 임명하신 대리인들로서의 사도들이 지닌 신임장의 일부였다. 그러므로 그 은사들을 분명히 사도들의 교회에 한정시켰으며, 당연히 사도들의 교회와 함께 사라졌다. 우리는 이 사실을 원칙과 실제 모두의 근거 위에서, 즉 그 은사들의 기원과 성격에 대한 신약성서의 가르침과 그 은사들이 실제로 중단되었음을 시사하는 후시대(後時代) 증거들의 신빙성 위에서 주장할 수 있다.

워필드는 방언을 포함한 기적적인 은사들이 사도들의 사라짐과 함께 사라졌다는 논지를 증명해 간다. 그런데 위의 언명과는 다르게 성경적 근거에 대해서는 지면을 거의 할애하지 않고 기독교 역사에서의 증거에 주로 집중한다. 그것도 당시 전통적으로 기적은 기독교가 로마의 공인 때까지 계속되었다는 주장을 반박하기 위해 이레니우스를 비롯한 2세기 이후의 저작에 나타난 기적이 허위임을 증명하는 데 온 힘을 기울인다. 그래서 존 루스벤(Jon Ruthven)이 잘 지적했듯이 워필드가 기적이 중단되었다는 성경적 근거를 여기저기에서 간헐적으로 제시함은 아이러니가 아닐 수 없다(On the Cessation of the Charismata: The Protestant Polemic on Postbiblical Miracles, 194). 또 2세기 이후의 기적을 평가하는 것도 매우 자의적이다. 나는 워필드의 책을 읽으면서 기적은 사도들의 표적이었기 때문에 그쳤다는 결론을 미리 내려놓고, 나머지 모든 것은 기적이 아니었음을 억지로 증명해 간다는 인상을 지울 수 없었다. 2세기 이후에 기적이 없었다는 그의 판단이 옳다 해도, 그것이 기적은 사도성의 표식이었기 때문에 지금은 그쳤다는 증거가 되지는 못한다.

개핀

기적의 지속성 여부에 관해서 워필드의 논지를 그대로 따르면서 이에 관한 성경적 근거를 보다 면밀하게 제시한 이는 미국 웨스트민스터신학대학원 교수였던 개핀이다. 그는 "신약성서의 교훈을 종합해 보면 예언과 방언은 그리스도의 재림 전에 중지되었으며 사실 이미 중지되었다는 결론을 내릴 수밖에 없다"고 한다(『성령 은사론』, 103). 방언 중지론에 대한 그의 주장이다.

> 첫째, 사도의 직분은 단회적인 것이다. 둘째, 사도들의 임무는 교회의 초석을 놓은 것이었다. 이들은 교회의 창설 사역을 담당했는데 사도들은 계시를 받아서 전한 사람들이었다. 셋째, 예언자들(엡 2:20)도 사도들과 함께 교회의 기초다. 넷째, 방언은 계시 기능을 발휘한다는 면에서 예언과 직결된 것이기 때문에 교회 창설을 위한 은사의 하나다(『성령 은사론』, 103-118). "따라서 방언은 예언과 함께 교회 생활에서 철수되었다. 방언은 사도직과 연결되어 있던 모든 다른 창설기의 은사들과 함께 철수되었다"(『성령 은사론』, 118).

위와 같은 세대주의적 방언 이해는 서구의 일부 복음주의 단체에서는 교리적 근거로 고수되고 있지만, 한국 교회에서는 드물다. 왜냐하면 방언이 교파를 초월하여 한국 교회 안에 광범위하게 나타나기 때문에 혹시 방언 소극 인정론은 펼칠 수 있었을지라도 방언 중지론은 펼치기는 어렵기 때문이다. 그래서 개핀의 위 책을 번역 소개한 권성수 교수는 역자 서문에서 자신이 이 책을 소개함으로써 신학계와 교계의 비판을 받을 것을 미리 두려워하여 다음과 같이 본서의 내용을 비판적으로 받아들일 것을 권하고 있을 정도다. "이 책이 조국 교계에 다소 물의를 일으킬 가능성이 있음도 솔직히 시인한다. 특히 예언과 방언이 사도 시대에만 있었고 지금은 없다는 이 책의 결론이 조국 교계의 전통적인 입장에 대한 도전이 될 수도 있다고 본다." 권 교수는 "그의 결론을 전적으로 받아들이자는 것이 아니라"고 한다(『성령 은사론』).

개핀을 비롯한 세대주의자들은 사도직의 일시성이란 문제에서 방언의 은사 문제를 시작한다. 이 문제는 사실 논란이 많은 문제이다. 바울이 이해한 사도직이 일시적인 것이 아님이 증명된다면 사실 세대주의의 방언 이해는 설 자리가 없다. 예수님의 열두 제자가 기독교 역사에 있어 독특한 위치라는 점에서 이 자리는 그 후에 계속되지 않는 자리임은 분명하다. 하지만 그것을 은사로서의 사도직 혹은 교회 직책으로서의 사도직과 혼동해서는 안 된다. 성경은 사도를 예수님의 열두 제자로만 한정하지 않는다. 바울은 예수께서 부활하신 후 열두 제자에게 나타나셨고 그 후에 "모든 사도"에게(고전 15:7) 나타나셨다. 열두 제자에 속하지 않은 "사도"가 있었던 것이다. 또 "거짓 사도"라는 말이 나오는데, 사도를 열두 사도로 한정하면 열두 사도 중에 거짓 사도가 있다는 말이 된다. 또 알려진 바와 같이 열두 사도 이외에 사도로 호칭된 인물로 바울과 바나바 등이 있는 것으로 보아, 교회 시대의 직분으로서 주어진 것임을 알 수 있다.

그런데 개핀은 사도직을 초대 교회의 창설을 위해서만 주어진 일시적인 직분 혹은 은사라고 한다. 우선 신약성서 중에서 어떤 저자도 구약 시대, 예수 시대, 교회 시대 이외에 어떤 시대 구분도 하지 않았음을 기억하라. 교회 시대 안에 사도 시대가 있다는 설정은 성경적이라기보다는 오히려 후대의 경험으로 그때는 성령이 독특하게 역사하셨다고 생각한 것에서 기인했다. 성경 자체는 전혀 이에 관해서 일언반구도 언급하지 않고 있다. 사실 신약성서 저자들이 사도 시대라는 시대를 설정했다는 주장은 원천적으로 맞지 않다. 왜냐하면 대부분의 신약성서 저자들은 예수의 재림 약속이 자신의 생애나 혹은 곧 이어지는 세대 속에서 일어난다고 생각했기 때문이다. 사도 시대 이후에 성령이 주어지고, 이천 년 동안 교회 시대가 지속되리라고 생각한 사람은 아무도 없었던 것이다.

설혹 사도직이 일시적인 은사이고 단회적인 것이라고 해도 그 사실이 어떻게 자동적으로 초자연적인 은사들의 중지를 의미할 수 있는가? 개핀은 사도직을 수행하기 위한 방편 혹은 표지로 은사들이 주어진 것이라고 한다. 하지만 그것은 성경 저자가 전혀 말하지 않은 것이다. 단지 사도직의 일시성이라는 주장에서 추론한 주장일 뿐이다. 이 바탕 위에서 방언의 은사가 중지되었단 주장은 성경적 근거가 없다. 방언과 예언이 언급된 고린도전서 12:7에서 이 은사가 주어진 목적은 "공동의(혹은 공동체의, 교회의) 유익을 위한 것이다"고 했는데, 은사의 지속성은 교회 시대를 통해서 계속된다고 보는 것이 가장 자연스럽다. 교회 공동체의 유익을 위한 은사들이 왜 중지되는가? 은사는 교회와 운명을 같이하는 것이다. 그래서 고린도전서 13:8의 "예언도 폐하고, 방언도 그치고"라는 말은 대부분의 신약학자들처럼 종말론적으로 해석하는 것이 옳다. 사도직분과 연관시키는 것은 억지이다.

세대주의자들은 방언이 그쳤다고 한다. 그렇다면 지금 전 세계 교회적으로 나타나는 방언은 무엇일까? 현재 교회에서 행해지고 있는 방언의 출처는 어디일까? 세대주의자들이 도달할 수 있는 결론은 자명하다. 만약 이것이 사도 시대 종결과 함께 중지된 것이라면 현재 행해지고 있는 방언은 인위적이든지 혹은 사탄적이라고 말할 수밖에 없다. 패커는 현재 행해지고 있는 방언이 인위적이라고 주장한다.

> 감정적인 흥분이 동반되기도 하고 그렇지 않기도 하면서 어떤 사람의 삶에서 즉흥적으로 시작되기도 하지만 방언은 정상적으로 배워지는 것이다(턱과 혀를 느슨하게 하고 의미 없는 구절들을 말하며 그저 나오는 소리들을 하나님을 찬미하는 것같이 내뱉는다). 이 **방법을** 통하여 사실 방언은 '익혀지는' 것이다. 우리가 원한다면 방언하기는 그리 어렵지 않다(『성령을 아는 지식』, 274).

현재 행해지고 있는 방언에 대해서 세대주의자들의 또 한 가지 평가는 사탄적 혹은 마귀적이라는 것이다. 방언이 강신술과 연관되어 있다고 본다. 팔과 몸의 진동이라든가 호흡하는 자세라든가 "그 권세 아래 있는 상태에 대한 묘사(예를 들어 몸 전체에 통하는 전기의 흐름)가" 동일하다는 것이다(Robert G. Gromacki, 『현대 방언운동 연구』, 66). 월부워드는 "전부가 그렇지는 아니할지라도 현대의 방언이 심리적이며 마귀적 활동에 연유한 것이라는 증거는 말할 수 있을 것"이고 주장한다(『성령』, 242).

왜 방언의 출처가 인위적이라든가 사탄적이라는 주장이 나왔을까? 이 문제 자체를 심도 있게 연구해서 얻은 결론이라기보다는 이 주장의 어쩔 수 없는 논리적 귀결이다. 방언의 은사가 신적 기원을 가진 것이 아니라면 두 가지 중 하나라고밖에 설명할 길이 없다. 즉 인위적이든지 사탄적이라는 것이다. 하지만 이 결론은 처음부터 방언에 대한 이해가 잘못 설정된 데서 근원한 것이다. 방언은 사도의 표적도 아니요 내용이 계시도 아니다. 신자가 하나님께 성령의 도움을 받아 배우지 않은 언어로 기도하는 것이다. 한마디로 말해, 사도성의 일시성에 근거해서 여러 가지 후속 논법에 의해 주장된 은사 중지론은 그 성경적 근거가 없는 주장이라 하겠다.

무엇이 방언에 대한 평가를 다르게 하는가?

성경에는 방언이 나온다. 누가는 초기 교회에 일어난 방언 사건을 기록하고 있고, 바울은 고린도교회의 문제의 하나로서 방언을 언급한다. 그런데 앞에서 보아온 대로 방언에 대한 평가가 사람마다 다르다. 때로는 그 평가가 극과 극이다. 김우현의 『하늘의 언어』와 옥성호의 『방언, 정말 하늘의 언어인가?』가 이를 잘 대변해 준다고 하겠다. 김우현은 바울이 말하는 방언은 성령이 각 신자에게 주시는 기도의 언어요 하늘의 언어라고 한다. 반면 옥성호는 방언은 사도의 표식이었기 때문에 사도들이 사라짐과 함께 방언은 중지되었고 당연히 지금 교회에서 이루어지고 있는 방언은 신적 기원을 갖고 있지 않다고 한다. 방언은 하늘의 언어이기는 하지만 제한적 기능을 가진 것으로 바울이 그렇게 높게 평가하지 않은 은사라고 생각하여 중간 지대를 가는 사람들도 있다.

기적 해석과 방언 평가

같은 성경 본문을 읽는 사람들이 무엇 때문에 방언에 대한 평가를 극도로 다르게 하는가? 물론 기본적으로는 성경 주석과 해석의 차이에서 발생한다. 그런데 성경 주석의 차이는 대개는 보수와 진보의 입장이다. 성경을 무오(無誤)한 하나님의 말씀으로 보려는 보수 진영과 성경의 문자를 넘어 그 역사를 캐내어 진실을 밝혀보려는 진보 진영 사이에는 성경 해석이 근본 전제부터 다르다. 더욱이 구체적인 본문의 주석과 해석에 있어서는 해석상의 차이가 극명하게 드러난다.

그런데 보수 계열에서 모두 성경을 하나님의 완전한 말씀으로 믿는 사람들에게서 방언에 대한 평가는 왜 또 다를까? 물론 여기에서도 성경 해석에 있어 어떤 한 측면에서의 전제가 달라서일 것이다. 방언에 대한 해석에 영향을 미치는 전제로는 기적에 대한 입장이다. 기적이 지금도 계속되고 있는지 여부이다. 자유주의자는 성경에 나오는 자연법칙에 어긋나는 기적은 믿으려 하지 않고 비신화화해서 나름대로 재해석한다. 보수 계열은 두 가지로 갈린다. 한 파에서는 예수님과 그 제자들의 기적은 사실이지만, 이제 더 이상 기적은 없다고 한다. 그 이유는 **기적은 특수한 시대에 특수한 사람들에게 일시적으로 주어진 것이라고 보기 때문이다.** 이 분야의 대부는 『기독교 기적론』을 저술한 워필드이다. 그의 말을 그대로 들어 보자.

> 성경에서 기적들은 합당한 이유 없이 여기저기 무분별하게 나타나지 않는다. 기적들은 계시 시기에 속하며(나타나며), 오직 하

나님께서 친히 보내신 사자(使者)들을 통해서 자기의 은혜의 목적을 선포하시며, 그분이 백성에게 말씀하고 계실 때만 나타난다. 사도 시대 교회에 기적들이 풍성하게 나타났던 사실은 사도 시대가 계시를 풍성히 받았다는 표증이다. 그리고 이 계시 기간이 종결되었을 때 기적의 시기도 당연히 지나가 버렸다(34-35).

워필드가 논증하는 중요한 사항은 기독교 역사상 사도 시대를 제외하고는 기적이 없었다는 것이다. 사도 시대 이후에도 기적이라는 표현으로 여러 문서에 많은 일이 기록되어 있지만 꼼꼼히 따져보면 어떤 것도 기적이 아니었다는 것이다. 이와는 반대로, 예수와 바울과 베드로가 행했던 기적의 역사가 오늘날에도 계속되고 있다고 믿는 사람들이 있다. 물론 이상한 믿음은 아니다. 특히 샤머니즘의 세계관이 지배하고 있는 우리 문화에서 현재에 기적이 없다는 것은 오히려 잘 이해되지 않는다. 그래서 워필드의 책이 서양의 기독교를 강타할 때도 한국 교회는 거의 아무런 영향을 받지 않았다. 하지만 우리 문화도 점차 서구화되어 가면서 이제 자연과학적으로 기적을 당연시하기가 어려워졌다. 한국 교회에도 기적 중지론, 초자연적 은사 중지론이 등장하고 있는 것이다. 그래서 방언 중지론, 방언 사탄 기원론은 모두 이 기적에 대한 입장의 차이에서 발생한다.

방언 체험 유무와 방언 해석

그다음으로 방언에 대한 평가를 다르게 하는 중요한 요소는 실제로 방언을 체험했는가 여부이다. 방언 체험 유무가 방언에 대한 평가를 대부분 결정한다고 해도 과언은 아니다. 그러나 방언을 객관적으로 평가하기 위해서는 체험하기보다는 오히려 한 발짝 물러서서 바라보아야 하지 않을까? 사실 체험자들의 주장이 성경적 근거가 없는 경우가 있다. 방언에 대한 해석이 성경의 어떤 말씀에 근거한 것이 아니라 반대로 자신이 개인적으로 체험한 것을 일반화해서 성경적 원리로 만들려고 한다. 또 부족한 성경 지식을 체험으로 메우려고 하는 경우도 있다.

가이드포스트 사의 저명한 기자였던 쉐릴(John L. Sherrill)은 당시 기독교의 제3의 세력이라는 이름으로 오순절 운동을 취재하다가 방언을 체험했다. 그리고 이렇게 고백한다.

> 나는 방언의 관찰자가 되려고 하였는데 그만 그 망에 참여하게 되었습니다. 내 자신이 객관성을 상실한 그들의 동료가 된 것입니다. 내가 쓰는 글의 어투가 달라진 것을 느끼지 않을 수 없었습니다. 나는 이제 더 이상 상술하는 데서 끝맺고 싶지 않습니다. 이제 나는 사람들에게 촉구하고 함께 토론하며 그들을 설득시키고 싶어졌습니다. 그러니 원고를 밀어 두고 내가 사고의 균형을 찾을 때까지 기다릴 수밖에 없었습니다. 아니면 영원히 중단된 채로 놔두어야 할 것입니다(『방언을 말하는 사람들』, 230).

지금까지 필자는 1991년도에 『성령 운동의 제3물결』이라는 책에서 방언에 대한 글을 쓴 이후에 오랫동안 방언을 연구해 왔다. 성서학자로서 신약성서의 방언 구절 주석을 했고, 이에 관한 여러 주석서들을 읽었으며, 방언에 관한 여러 연구서와 논문과 간증적 신앙 서적을 읽었다. 그리고 방언에 대한 여러 입장을 이해할 수 있었다. 그런데 방언에 대한 평가는 그 사람의 방언 체험 유무와 거의 일치했다. 예외는 없었다. 방언 기도를 날마다 하는 사람치고 방언이 그쳤다거나 방언을 반대하는 사람은 한 사람도 없었다. 물론 방언을 하면서 방언이 사라졌다고 하는 것은 논리적으로 맞지 않지만 말이다. 또한 방언 중지론자, 방언 폐기론자들은 거의 예외 없이 방언 체험이 없는 사람들이었다. 우리는 성경의 방언을 해석한다고 하지만 사실은 자신의 체험을 해석하여 성경 본문에 대입하고 있지 않은가? 저명한 바울 신학자인 리처드 헤이스는 고린도전서에서 방언에 관한 주석을 하면서 방언을 해석하는 데 있어서 자신과 자신이 속한 교회 공동체의 경험이 직접적으로 영향을 미친다고 말한다. 자신이나 자신이 속한 교회(혹은 교파)에서 이를 부정적으로 말하면 영향을 받기 쉽다는 것이다. 물론 그 역도 마찬가지다(*First Corinthians*, 234).

· 제2부 ·

방언, 그것이 알고 싶다!

제4장

성경이 말하는 방언

인류 역사상 최초로 예수 부활 후 오순절에 방언 현상이 나타났다. 누가와 바울을 비롯한 신약성서 저자들은 이 현상을 나름 신학화해서 기록한다. 그래서 본 장에서 우리는 신약성서 저자들이 방언을 어떻게 말하는지를 살펴보려 한다. 그 결과 지금까지 우리가 생각했던 것보다 훨씬 많이 신약성서에 방언이 직간접적으로 언급되어 있는 것을 발견하게 될 것이다.

1. 누가가 말하는 선교와 방언

누가는 사도행전에서 방언이 선교와 깊은 연관이 있음을 말하고 있다. 사도행전에서 방언은 선교의 주요 분기점에서 일어난다. 먼저, 교회를 탄생하게 한 사건인 오순절 성령 체험 사건에 방언이 중요하게 언급되고 있다(2:1-4). 또 사마리아에 복음이 전파된 사건에서도 가시적 성령 체험이 있었는데 이것을 불신자도 볼 수 있었던 것으로 보아(8:17-18) 여기에도 오순절 사건에서처럼 방언이 포함되어 있을 가능성이 높다. 이어서, 베드로가 이방인들에게 말씀을 전할 때 역시 방언이 말씀을 듣는 자들에게 임했다(10:44-46). 마지막으로, 바울이 유대 지역을 넘어 이방 지역인 에베소에서 말씀을 전할 때 역시 방언이 임했다(19:1-7). 방언은 선교가 이루어지는 중요한 길목마다 새롭게 사람들에게 임했던 것이다.

그렇다면 우리가 현대의 선교 현장에서도 이러한 역사를 기대해 보아도 좋지 않겠는가? 예수의 복음이 선포되는 곳에 그 복음 선포에 이어 초자연적인 성령의 역사가 일어나면 그것을 통해 사람들이 복음의 능력을 말씀과 함께 몸으로 체험하게 되는 것이다. 이러한 사건이 왜 초기 교회에만 일어나고 지금은 말씀만 필요하다고 하는지 사실 필자는 잘 이해할 수 없다. 사도행전을 기록한 누가는 제3세대 그리스도인으로서(눅 1:1-4), 예수님처럼(복음서), 첫 제자들처럼(사도행전) 그렇게 신앙생활을 할 것을 권면하기 위해서 누가복음과 사도행전을 쓰고 있는 것이다. 사도행전은 초기 기독교의 특수한 역사 기록이기 때문에 이것은 후대에 따라갈 선례나 모범으로 삼을 수 없다는 것은 누가의 저술 의도에서 많이 벗어난 것이다.

국내외를 막론하고 선교 현장에서 오늘도 말씀에 기록된 초자연적인 역사가 필요한 것이다. 그것은 바로 살아 있는 말씀이요, 말씀의 구현이다. 사도행전 29장이 다시 오늘에 일어나게 하는 것, 그것이 우리 크리스천 사역자들의 목표가 되어야 하지 않겠는가.

2. 바울이 말하는 방언 기도

학자들뿐만 아니라 일반 신자들 사이에서도 바울의 방언관에 대한 논란이 계속되고 있다. 그 해답을 우리는 어디에서 얻을 것인가? 우리는 이 문제를 방언이 직접적으로 다루어진 고린도전서 12-14장의 문맥과 그것이 쓰여진 정황 속에서 풀어야 할 것이다.

고린도전서 12-14장의 내용은 바울이 성령의 은사에 대한 일반적 이론을 설파한 것이 아니라, 고린도교회의 질문에 대한 답변을 한 것이다. 그 질문은 서면으로 이루어졌을 것이다(cf. 7:1, 25; 8:1). 하지만 고린도교회가 바울에게 보낸 편지 내용이 어떤 것이었는지 정확히 알 수는 없다. 우선 여기에서 그 주제가 신령한 것들(12:1)에 관한 것이었음은 분명해 보인다. 그런데 그 문제에 대해서 고린도교인 간에 갈등이 일어나서 그들이 그것을 해결해 달라는 것이었는지, 아니면 고린도교회 전체가 신령한 것들에 대한 일치된 사상을 가지고 바울에게 질문했는지는 정확히 알 수 없다. 어쨌든 바울은 고린도교회 문제를 속속들이 파악하면서 이 주제에 대한 토대가 되는 교리적 가르침으로부터 시작하여(12-13장), 매우 구체적인 교훈까지 주고 있다(14장).

그렇다면 고린도교회에는 어떤 문제가 일어났던 것인가? 대다수 학자들은 고린도교인들은 방언에 지나친 가치를 부여한 것이 가장 큰 문제였다고 주장한다. 그 증거로는 여기서 은사를 취급할 때마다 매번 방언이 등장한다는 것이다(12:10, 30; 13:1, 8; 14:1-25, 26-33). 방언이 문젯거리였기 때문에 바울이 매번 방언 문제를 취급했다는 것이다. 사실, 여기서 바울이 방언이라는 주제를 핵심으로 하여 다룬 것은 사실이다. 하지만 바울이 방언을 문젯거리로 다룬 것인가 하는 것은 확실하지 않다. 또한 바울이 방언을 금지하려고 했었다는 주장은 본문에 나와 있는 이에 대한 바울의 분명한 언명에 반하는 것이다(14:39).

고린도교회에 일어난 문제에 대해서 해결하려면 우리는 지나친 추측보다는 바울이 분명히 언급한 것으로부터 시작해야 할 것이다. 바울이 직접적으로 언급하는 방언에 관한 고린도교회의 문제는 이런 것들이었다.

1) 고린도교회에는 방언을 비롯한 신령한 은사의 오용으로 인한 무질서한 행위가 발생했다(14:26-32).
2) 고린도교회에는 집회 중 방언이 통역 없이 사용됨으로써 사람들이 그 뜻을 알 수 없어 교회 공동체에 아무런 유익을 주지 못할 뿐만 아니라 외인들 전도에도 도움이 되지 못하는 일이 발생했다(14:6-25).
3) 고린도교회에는 은사를 공동체를 세우는 것이 아니라 자기 과시용으로 사용하는 사람들이 있었다(13:1-3).
4) 고린도교회에는 어떤 특정한 은사-아마도 방언이-가 다른 은사보다 더 높은 가치가 있다고 생각하는 사람들이 있었다(12:4-31a).

이런 문제에 대해서 바울은 고린도전서 12-14장에서 답변하고 있는 것이다. 우선 바울은 이 문제에 대한 직접적인 답변에 앞서 이 분야에 관한 기초 지식을 다진다(12-13장). 그 내용은 이런 것이다. 첫째, 고린도교인들이 체험한 신령한 것은 성령에 의한 것이다(12:1-3). 둘째, 성령을 통해 고린도교회에 나타나는 여러 은사는 모두 한 성령이 주신 것이다(12:4-11). 셋째, 은사에는 우열이 없고 모두 소중한 것이며 다른 사람에게 나타나는 은사를 서로 인정해야 한다(12:12-31a). 넷째, 은사는 사랑이라는 최고 가치를 통해서 구현되어야 한다(12:31b-13:13).

이렇게 성령의 은사에 대한 기초 지식을 다진 다음, 바울은 이어서 고린도교회에서 발생한 구체적인 문제에 대한 답변을 준다.

1) 예배 시에 일어난 무질서한 행동에 대해서 바울은 하나님은 질서의 하나님이시라는 것(14:33)을 말하고 결론적으로 모든 일을 적절하고 질서 있게 하라고 권면한다(14:40).
2) 통역 없이 방언만을 하여 청중에게 아무런 유익을 주지 못하는 집회 관행에 대하여 바울은 고린도교인들에게 방언 통역의 은사를 체험하기 위해 기도할 것을 권면하고(14:13), 만약 통역이 없으면 집회에서는 방언을 사용하지 말고 개인 기도로서만 사용하기를 권한다(14:28).
3) 은사를 자기만족 혹은 과시용으로 사용하는 사람들에 대하여 바울은 계속해서 은사의 목적은 교회를 세우는 것이라고 말한다(14:3, 4, 5, 12, 17, 26).
4) 고린도교회가 신령한 은사 중에서 방언에 최상의 가치를 두

었는지는 자명하지 않다. 행간을 읽으면 그렇게 볼 수도 있을 것이다. 바울은 은사 자체에는 우열이 없고(12:12-31a), 다만 다른 교우를 세우는 것에 더 직접적으로 관계된 것을 더 사모하라고 권고하고 있다(14:1-5).

이렇게 고린도전서 12-14장은 고린도교회에 발생한 문제에 대해서 고린도교회가 서면으로 질의한 것에 대해서 바울이 답변한 것이다(12:1). 그래서 여기서 바울이 어떤 성령의 은사론, 더 구체적으로는 방언론을 체계적으로 펼친 것은 아니다. 하지만 우리는 문제를 비교적 자세히 다루면서, 바울이 방언이 무엇인지 정의하고(14:2, 14-17), 스스로 그것을 어떻게 활용하고 있으며(14:18), 어떻게 공동체 모임 시에 사용할 것을 말하고 있다는 것(14:26-33)을 간과해서는 안 된다. 결국 바울은 "방언 말하기를 금하지 말라"(14:39)는 권고로 방언에 대한 자신의 입장을 정리하고 있다.

이상을 통해서 바울의 방언관을 다음과 같이 정리할 수 있다. 첫째, 방언은 성령의 은사의 하나로서 하나님과 영으로 소통하는 은사(기도, 찬양, 감사, 축복)로 소중한 것이다. 둘째, 하지만 예배 가운데 방언이 통역 없이 사용되면, 이것은 공동체에 아무런 유익이 되지 못한다. 셋째, 예배 가운데 무질서하거나 중구난방 식으로 방언을 사용하지 말고, 통역이 있을 때 사용하고 공동체의 세움을 위한 목적으로 사용해야 한다. 한마디로 말해, 바울은 방언 자체를 낮은 단계의 은사로 본 것은 아니다. 방언에 대한 오해, 오용에 대해서 고린도교인들의 생각을 교정해 주려고 했던 것이다.

3. 신약성서는 두 가지 방언을 말하는가?

누가는 사도행전에서 바울은 고린도전서에서 각각 방언에 대해서 기술한다. 누가가 말한 방언은 실제 외국어라는 뉘앙스가 있고, 바울이 말하는 방언은 실제 언어가 아니라 상징 언어이다. 누가는 성령 충만(혹은 성령 세례)과 연관시켜 방언을 말한다면, 바울은 성령의 은사의 하나로서 방언을 소개한다.

전혀 다른 것인가?

누가가 말하는 방언과 바울이 소개한 방언은 어떤 관계인가? 어떤 사람은 누가가 사도행전에 기록한 방언은 오순절과 연관된 역사적 사건으로 다시 반복되지 않는 것이라고 말한다. 또 그 성격도 바벨탑 사건에서 언어가 혼잡되었던 것이 이제 회복되어 언어의 소통이 일어난 것이라고 한다. 이에 반해 바울이 말하는 방언은 교회 안에서 신자 간의 공동 유익을 위하여 주어지는 은사로서 개인이 체험할 수 있는 것이라고 한다. 양자는 전혀 다른 성격의 것이라는 것이다. 또 어떤 사람들은 누가가 말하는 방언은 성령으로 세례받을 때 경험하는 것이고, 바울이 말하는 방언은 성령의 은사의 하나로서 각각 별도로 체험하는 것이라고 한다.

누가는 성령 세례라는 틀에서 방언을 말하고, 바울은 성령의 은사라는 틀에서 방언을 말한다면 각자의 틀이 일치하지 않는 것이다. 우선적으로 이것을 인정하고 다음 논의로 나아가야 한다. 하지만 틀이 다르다고 해서 내용과 핵심 성격이 모두 다른 것은 아니다. 바울과 누가는 방언을 표현하는 데 있어서 '방언을 말하다'라는 어구도 일치하며 성령의 역사로 일어나는 현상이라는 생각도 일치한다.

어떤 관계인가?

바울의 방언과 누가의 방언은 어떤 점에서 일치하며 상호 어떤 연관성이 있을까? 누가가 사도행전에 나오는 오순절 사건에서 소개한 방언이 실제 언어였든 아니든 간에 방언을 체험한 사람 편에서 보면 자신이 전혀 모르는 언어를 성령의 충만함을 받고 성령의 인도함에 따라 말한 것이다. 바울이 말하는 방언도 이와 크게 다르지 않다(고전 14:2; 롬 8:26-27 참조). 바울에게 있어 방언은 신자가 성령의 인도함을 받아 배우지 않은 어떤 말을 하는 것이다. 전혀 가보지 않은 길로 신자의 혀가 성령의 인도함을 받아 움직이는 현상이라는 데 바울과 누가의 방언은 일치한다.

또 내용으로도 상당히 유사하다. 바울이 말하는 방언은 그 성격이 기도이고 찬양을 포함한다(고전 14:15). 누가가 묘사하는 방언도 "하나님의 큰일"(행 2:11)을 말하는 것이며 하나님을 찬양하는 것이 같이 나타난다(행 10:46). 신자가 성령의 인도하심을 받아 기도하면서 그 내용적으로 하나님을 찬양하는 것이 포함되어 있는 바울의 방언에 대한 묘사와 방언이 하나님의 위대하심을 찬양하는 것이라는 누가의 묘사는 양자가 묘사하는 방언의 성격이 매우 유사함을 말하고 있다.

두 가지 방언을 별도로 체험해야 하는 것인가?

누가가 소개하는 성령 세례의 표적으로서 방언과 성령의 은사로서의 방언을 별도로 체험해야 하는 것인가? 이 질문에 대한 필자의 답은 "아니다"이다. 방언은 초기 교회의 중요한 체험으로 누가는 성령 충만 혹은 성령 세례라는 틀로 소개하고 있는데, 누가가 기록한 성령 충만의 결과로는 바울이 성령의 은사로서 언급한 지식의 말씀(행 5:1-11), 병 고치는 은사(행 3:1-10), 예언 등이 포함되어 있기 때문에 그 표현이 다를 뿐 내용은 같은 것이라고 할 수 있다. 그래서 누가가 볼 때 방언 체험은 성령 세례가 임한 하나의 증거로서의 체험이고, 바울이 볼 때는 개인 기도를 통해 하나님과 영적으로 교통하는 성령의 은사 체험인 것이다. 방언 체험은 결국 하나이고 설명이 두 가지인 것이다.

4. 마가복음의 '새 방언'

마가복음 16:17에는 믿는 자들에게 동반될 표적으로 "새 방언"을 말하게 될 것을 예수님이 약속하는 구절이 나온다. 그런데 문제는 이 구절이 본래 마가가 쓴 구절이 아니라는 데 있다. 성경 각 책의 원본은 현재 남아 있지 않고 사본만 존재하기 때문에 사본에 차이가 있을 때 우리는 어떤 사본이 원본에 가장 가까울지를 추정한다. 이 학문을 본문 비평(혹은 원문 비평)이라고 한다. 현재 성서학자들은 이 분야에 대해서 깊이 연구하여 어떤 것이 원문에 가까울지를 결정하는 데 상당히 합리적인 결론을 내린다.

다음과 같은 이유로 대부분의 신약학자들은 마가복음 16:9-20은 본래 마가가 쓴 복음서에 포함된 것이 아니라고 본다. 첫째,

더 신뢰할 수 있는 고대 사본들-예를 들어 시내산 사본과 바티칸 사본-에는 마가복음 16:9-20이 나오지 않는다. 상대적으로 신뢰성이 떨어지는 후대의 사본들에 이 구절이 포함되어 있다. 둘째, 내용과 문체와 그 신학을 분석해 볼 때 이 구절에 나오는 단어들과 신학은 비(非)마가적이다. 여기에 나오는 내용과 문체는 다른 복음서들을 혼합적으로 따르고 있는 것 같다. 그래서 대부분의 성서학자들은 마가복음이 빈 무덤 기사로 끝나는 것을 어색하게 여긴 한 편집자가 2세기경 다른 성경 전승과 자신이 알고 있는 전승을 포함시킨 것이라고 생각한다.

물론 이 구절이 마가가 기록한 것이 아니라는 것은 이것이 예수님의 말씀이 아니라는 것을 의미하지는 않는다. 복음서에 기록되지 않은 예수님의 말씀이 많고 또 그것이 후대에 다른 사람에 의해 얼마든지 기록될 수 있다. 하지만 우리가 성경으로 인정하는 것은 본래 저자가 기록한 부분까지이다. 나중에 다른 사람에 의해 성경에 포함된 부분은 그것이 사실이라고 하더라도 성경의 내용으로 인정하지 않는다. 그래서 성경적으로 이 구절을 근거로 예수가 방언을 말했다, 하지 않았다고 하는 논증은 할 수 없다.

이 구절은 방언을 부정하는 것인가?

어떤 학자는 마가복음 16:17을 근거로 방언을 부정적으로 평가한다. 신자에게 동반될 표적의 하나로서 방언을 언급한 것은 곧 방언이 현재 사라졌다는 증거라는 것이다. "무슨 독을 마실지라도 해를 받지 아니하며"라는 구절은 문자적으로 사실로 해석할 수 없다는 것이다. 독을 마시면 사람은 반드시 해(害)를 입는다.

하지만 이것은 과학을 하나님 말씀보다 더 신봉하는 인본주의적 사고에서 나온 것이다. 신자에게 동반되는 표적 자체가 모두 자연 과학의 법칙을 넘어서는 기적들이다. 초기 교회 사람들은 이 모든 것이 실제 일어난다고 믿었고, 또 실제로 일어났다고 기록하고 있다. 여기에 나오는 표적들은 사도행전에서 신자에게 따르는 표적으로 모두 기록되어 있다. 예수 이름으로 귀신을 쫓아내며(행 8:7; 16:18), 새 방언을 말하며(행 2:3-4; 10:46; 19:6), 뱀을 집어 올리며(cf. 눅 10:19), 무슨 독을 마실지라도 해를 받지 아니하며(행 28:3-6), 병든 사람에게 손을 얹은즉 나으리라(cf. 행 28:8)는 내용 모두가 누가복음과 사도행전에 나온다. 독을 마시는 것은 직접적으로 나오지 않지만 당시 독사에 물리는 것과 독을 마시는 것을 같은 것으로 보았기 때문에 모든 것이 나온다고 볼 수 있다. 그래서 신자에게 따르는 표적으로서 방언이 어떤 상징적인 것이고 실제 일어난 일이 아니라고 보는 것은 인본주의적 사고에 의한 결론이다.

이 구절은 방언을 긍정적으로 말하는 것이다

2세기에 살았던 이레니우스가 이 부분(16:9-20)을 알고 있었기 때문에 최소한 이 본문은 2세기 초에 마가복음 본문으로 삽입되었을 것이다. 2세기 초 한 편집자 혹은 공동체의 신앙을 반영한다고 볼 수 있다. 편집자가 마가복음 말미에 이 구절을 포함시킨 것은 부활이 실제 일어났다는 것을 독자들에게 보여 주기 위함이었을 것이다. 그런데 예수의 부활을 증언하면서 편집자는 예수가 신자들이 받을 방언을 언급했음을 증언한다. 예수의 부활에 대한 전승과 사도행전의 방언 사건을 알고 있던 편집자가 이것을 중요하게 생각해서 여기에 삽입했을 것이다. 이때에도 방언이 중요하게 여겨졌다는 것을 이 구절을 통해서 확인할 수 있다. 방언은 단순히 1세기 교회에 단회적인 표적으로 주어진 것이 아니라 2세기에도 교회 안에서 계속되고 있었다는 것이다.

이 본문의 저자는 방언 앞에 "새로운"이라는 형용사를 붙였다. 신자들의 방언이 성령에 의해서 새롭게 주어진 것임을 의미한다. 성격상 신선한 것이라는 뉘앙스도 있다. 혀가 전에 가지 않았던 새로운 길로 가는 것을 의미한다. 또 이것을 "새 언약" 시대에 나타나는 것으로 볼 수도 있다. 귀신을 쫓아내거나 치유 기적을 일으키는 것과 마찬가지의 기적이다. 학습에 의하지 않고 새 언어를 말한다는 것은 기적 중의 기적이다. 마가복음에 이 구절을 포함시킨 편집자는 누가와 바울을 따라 방언을 매우 소중하게 여긴 것이다. 그래서 이 구절을 근거로 방언 무용론을 말하는 것은 어불성설이다. 이 구절은 방언에 대해서 매우 긍정적으로 묘사한 것이다.

5. 기타 신약성서의 방언 구절들

한국 교회에서 비교적 기도를 많이 하는 목사, 사모, 권사, 새벽 기도회/심야 기도회 정규 참석자 중에 방언하는 사람들이 많다. 그러면 그들은 왜 방언을 하는가? 그것은 바로 방언이 성령의 도움으로 자신의 영이 하나님과 교통하는 기도이고(고전 14:2), 이성으로 하는 기도와 방언 기도를 병행함으로(고전 14:15-17), 개인의 기도 생활에 큰 유익을 얻기 때문이다. 그런데 방언이 이런 기도가 아니며, 어린아이들의 재잘거림 혹은 뜻 없는 소리의 반복이라고 주장하는 사람들이 있다. 또 이런 형태의 방언은 오직 고린도교회에 있었던 특수한 것이고 초기 교회에서 보편적인 것이 아니라는 주장이 있다.

누가는 방언 자체가 무엇인지 명확하게 정의하지 않고 있다. 그냥 성령 충만의 현상 내지는 결과로, 혹은 예언의 범주에 속한 영감 받아서 하는 말로 소개한다(행 2:4; 10:45-46; 19:6-7). 반면 바울은 방언을 신자가 성령의 도움으로 하나님께 말하는 은사라고 설명한다(고전 14:4). 이어서 바울은 이성으로 기도하는 것과 영으로 기도하는 것을 구별하면서, 방언은 신자가 자신의 이성이 아니라 자신의 영으로 기도하는 은사라고 하여, 이전보다 더 명확하게 방언을 정의한다(고전 14:4). 방언은 기도인 것이다.

보다 구체적으로 바울은 그 기도의 종류를 설명한다. 첫째, 방언은 영으로 하는 기도다(고전 14:14). 둘째, 방언은 영으로 하는 찬송이다(고전 14:15). 셋째, 방언은 영으로 하는 감사다(고전 14:16). 넷째, "말할 수 없는 탄식"을 방언으로 본다면, 방언은 신자가 영으로 하는 탄식이다(롬 8:26). 기도와 찬송과 감사와 탄식은 모두 시편에 나오는 기도의 종류들로, 방언은 이성으로 하는 기도와 마찬가지로 이 모든 종류의 기도를 포괄하되, 단지 그것을 영으로 하는 것뿐이다.

그런데 방언을 기도로 소개하는 것은 오직 고린도전서 12-14장과 로마서 8:26에만 나오고 따라서 이것은 초기 교회에서 국지적으로 나타난 현상이 아닌가 하는 의문이 있어 왔다. 하지만 방언이 성령을 통해 신자가 영으로 기도하는 은사라는 정의로 보면 바울 서신과 신약에는 이곳 이외에도 이런 종류의 기도에 대해서 언급하는 구절이 많이 나온다.

첫째, 에베소서 6:18에는 "항상 성령 안에서 기도하고"라는 어구가 나오는데, 이것은 고린도전서 14:15에서 방언 기도를 의미하는 "내가 영으로 기도하고"라는 문구와 같은 것이다. 바울은 에베소서에서 방언이라는 말은 직접적으로 사용하지 않지만, 방언으로 기도하는 것을 의미하는 "영으로 기도하기"라는 문구를 통해 이것을 표현하고 있다고 본다. 물론 여기에서 이 기도는 방언으로만 한정할 수는 없지만, 최소한도로 말해 이 기도는 성령의 직접적인 역사에 의해 이성의 한계를 뛰어넘는 기도인 것은 분명하다.

둘째, 유다서 20절에는 "성령으로 기도하며"라는 어구가 나오는데 본질적으로 고린도전서 14:15과 에베소서 6:18에 나오는 문구와 같은 것이다. 초대 교회 안에서 성령 안에서 기도한다는 말은 바울을 넘어 다른 저자까지도 사용하는 말로, 이것이 방언 기도만을 의미하는 것은 아닐지라도 방언 기도와 같이 이성을 뛰어넘어 영으로 하는 기도 전체를 포괄하는 것이다.

셋째, 골로새서 3:16에는 "시와 찬송과 신령한 노래를 부르며"라는 어구가 나온다. 에베소서 5:19에는 "시와 찬송과 신령한 노래들로 서로 화답하며"가 나온다. 이것들은 고린도전서 14:15에 나오는 "내가 영으로 찬송하며"의 확장판이다. 특히 에베소서 바로 앞 구절인 5:18에 "성령으로 충만함을 받으라"라는 문구를 통해서, 뒤에 나오는 것들이 성령의 역사에 의해서 나타나는 현상이라는 것을 알 수 있다. 골로새서와 에베소서 위 각 본문은 성령의 역사로 신자가 영으로 찬양하는 것을 표현하고 있는데, 고린도전서 14:15은 그것을 방언이라고 말하고 있다.

넷째, 위 본문들처럼 분명하지는 않지만 데살로니가전서 5:19도 방언을 말하는 구절이라고 볼 수 있다. 멘지스(Robert P. Menzies)는 데살로니가전서 5:19-20과 고린도전서 14:39의 유사성을 주목한다(Christ-Centered: The Evangelical Nature of Pentecostal Theology [Eugene, OR: Cascade Books, 2020], 62). 데살로니가전서 5:19-20에서 "성령을 소멸하지 말며 예언을 멸시하지 말고"라는 구절과 고린도전서 14:39, 즉 "…예언하기를 사모하며 방언을 금하지 말라"가 서로 상응한다는 것이다. 후자에서 방언과 예언을 병치시켜서 설명하고 있는데, 비록 순서는 다르지만 전자에서도 그렇다는 것이다. 그렇다면 "성령을 소멸치 말라"(살전 5:19)는 말은 방언에 관해서 말하는 것일 수 있다는 것이다. 사도행전에서도 방언과 예언이 병치되는 것이 매우 빈번하다(행 2:16-18; 10:43-46; 19:6).

제5장

방언에 이렇게 깊은 뜻이!

방언이 좋은 것이라고 하니 하기는 하는데, 여기에는 아무 뜻도 없는 것인가? 방언에는 신학적으로, 또 신앙적으로 어떤 중요성과 깊이가 있는가? 본 장에서는 이러한 질문에 답하려고 한다.

1. 방언에는 메시지가 있을까?

바울이 말하는 방언은 기본적으로 성령의 인도로 하나님께 하는 기도다(고전 14:2). 이 기도는 찬양, 축복, 감사(고전 14:15-16), 혹은 탄식(롬 8:26)으로 나타날 수 있다. 예언이 하나님이 대언자를 통해서 사람에게 말씀하시는 것이라면(고전 14:3), 방언은 사람이 하나님을 향해 말하는 것이다. 방언의 방향은 오직 하나님께만 향한다는 것이다.

그런데 미국 오순절 교회에서는 전통적으로 방언의 기능 중 선포가 있다고 보았다. 그것을 흔히 "방언 메시지(message in tongues)"라고 불렀다. 방언이 하나님께 향한 기도일 뿐만 아니라 하나님이 인간을 향해 주는 선포의 도구로 사용될 수 있다는 것이다. 여기서 방언은 하나님이 사람에게 이해하지 못하는 언어로 메시지를 준 것인데, 통역을 통해서 그 메시지가 드러나게 되어 있는 것이다. 예언은 하나님이 대언자를 통해 직접 메시지를 주는 것이라면, 선포로서의 방언은 일단 알아듣지 못하는 방언이 주어지고, 그것의 통역을 통해 하나님이 사람에게 메시지를 준다는 것이다.

성경에 나오는 방언에 이런 기능이 있는가? 있다면 그것에 대한 성경적 근거는 있는가? 여기에서 우리는 서구 오순절 교회에서는 오랫동안 고민해 왔지만, 국내에서는 거의 논의되지 않았던 이 문제를 다루어 보고자 한다. 국내에서도 학문적으로 논의되지는 않았지만, 방언 사역을 하는 사람들은 방언이 기도로서만이 아니라 메시지의 도구로 사용되는 체험을 했다는 사람이 많다. 그렇다면 이러한 현상이 과연 성경적으로 볼 때 허용할 수 있는 일인지를 묻고자 한다. 이 문제에 대해서는 두 가지 견해가 있다. 하나는 방언이 기도일 뿐만 아니라 선포일 수도 있다는 견해이고, 다른 하나는 방언은 기도이지 선포일 수 없다는 견해다. 후자가 다수 견해다.

방언이 하나님이 인간에게 주는 메시지일 수 없다는 견해

이 견해는 근본적으로 바울이 방언에 대해서 정의한 고린도전서 14:2에 근거한다. "방언을 말하는 자는 사람에게 하지 아니하고 하나님께 하나니 이는 알아듣는 자가 없고 영으로 비밀을 말함이라." 여기서 방언의 방향은 하나님으로부터 인간이 아니라, 인간으로부터 하나님께라고 명시되어 있다는 것이다. 또 방언과 연관된 영적 찬양, 감사, 축복(고전 14:14-15) 혹은 탄식(롬 8:26)도 모두 기도라는 것도 이 견해를 뒷받침한다는 것이다. 이 견해를 지지하는 대표적인 학자로는 고든 피(Gordon D. Fee)를 들 수 있는데 그는 바울에게 "방언 메시지"라는 개념은 없다고 말한다(Gordon D. Fee/최병필 역, 『고린도전서』, 830). 일단, 피상적으로만 보면 이 견해가 지당한 것 같다.

방언이 하나님이 주시는 메시지일 수 있다는 견해

그런데 비록 소수 의견이기는 하지만 방언이 기도임에는 분명하지만, 하나님이 인간에게 주어지는 메시지로 사용될 수 있다는 견해도 있다. 멘지스(Robert P. Menzies)가 이러한 견해의 대표 주자다. 다음에서는 방언이 선포일 수 있다는 그의 주장을 소개할 것이다. 그는 방언이 하나님이 주시는 메시지로 사용될 수 있음을 다음과 같이 주장한다(Robert P. Menzies, *Speaking in Tongues*, 146-155).

첫째, 모든 은사는 공동체에서 상대방을 영적으로 유익하게 하는 것이다(고전 12:7). 방언을 제외하고는 모든 은사는 타인을 위한 것이라는 것이 쉽게 이해된다. 지혜의 말씀, 지식의 말씀, 믿음, 병 고치는 은사, 예언, 영 분별, 방언 통역은 모두 타인을 위한 것이다. 그런데 방언이 기도만이라면 방언은 유독 자신만의 유익을 위한 은사가 된다. 이것이 통역되었을 때만 타인을 위해 사용될 수 있지, 방언 자체는 하는 사람 자신이 하나님께 기도하는 것이기에 다른 사람의 유익을 위한 것일 수 없다. 그렇다면 이러한 방언에 대한 이해는 모든 은사는 공동의 유익을 위한 것이라는 고린도전서 12:7에 나타난 바울의 언명에 위배된다. 방언 자체에도 타인을 위한 내용과 기능이 있어야 이 언명이 모든 은사에게 적용되는 것이다. 만약 방언 자체에 선포의 기능이 있다면 모든 은사가 타인을 위한 것이라는 점이 일관성 있게 적용된다.

둘째, 방언이 예배 가운데 사용되었을 때 방언 은사가 나타나는 것 자체가 공동체에서 같이 예배하는 자들에게 유익을 주는 것이다. 바울은 예배 가운데 방언으로 찬양하는 것을 말하고 있다(엡 5:19; 골 3:16). 멘지스는 방언이 예배 가운데 나타날 때 어떤 유익을 주는 지를 다음과 같이 말하고 있다. "방언은 공동체 예배에서 하나님의 현존과 그의 교회에 대한 부르심의 표적으로, 또 드라마틱한 명백한 표적으로 긍정적인 역할을 한다(행 1:19, 33; 10:46; 막 16:17; 롬 8:26)"(148). 방언이 공동체에서 공동으로 노래 혹은 통성으로 말해질 때, 방언은 그 자체로 다른 사람을 세워 주는 기능이 있는 것이다. 이것은 하나님께 향한 찬양과 함께 방언에는 사람들에게 유익을 주는 기능이 있다는 점을 보여 주는 것이다.

방언이 선포일 수 있다는 견해의 주석적 근거

그렇다면 방언이 선포를 포함하고 있다는 구체적인 주석적 근거가 있는가? 그것이 없이는 위와 같은 주장이 의미 없게 된다. 멘지스는 방언이 선포일 수 있다는 주석적 근거를 다음과 같이 제시하고 있다.

첫째, 방언이 메시지일 수 없다고 주장하는 사람들은 고린도전서 14:2을 지나치게 좁게 해석하는 자들이다. 이들은 여기에서 "하나님께"라는 말에만 집중한다. 여기서 또 하나 집중해야 할 내용은 "알아듣는 자가 없고"이다. 방언은 인간의 언어가 아니고 영으로 말하는 것이기에 이해하는 자가 없는 것이다. 여기서 방언에 대해서 중요하게 다루어진 것은 그것이 알아들을 수 없다는 것이다.

고린도전서 14:28에서는 방언의 방향이 하나님께만이 아니라 사람에게도 향할 수 있음을 암시하는 내용이 나온다. 방언을 말할 때 "자기와 하나님께 말할 것이요." 물론 여기에서 "자기에게" 말한다는 내용이 무엇을 의미하는지 주석적으로 논란이 많이 있다. 이것을 그냥 "사적으로", "집에서"라고 보기도 한다. 이것은 "자신의 마음과 교류하는" 것을 의미하지도 않을 것이다. 여기서도 중요한 것은 방언 그 자체가 누구도 이해할 수 없는 말이기에 통역이 없으면 공동체에서는 말하지 말고, 사적으로 말하라는 것이다. 어쨌든, 바울은 방언 자체의 방향이 꼭 하나님께만 향하여 있다고 고집하는 것은 아니라는 것이다.

둘째, 사도행전에 나오는 방언은 찬양일 뿐만 아니라 선포다. 사도행전 2:11에서 방언의 내용은 "하나님의 큰 일"이고 그것은 온 천하 각 나라 사람들이 알아들을 수 있는 말로 선포된 것이었다. 멘지스는 바로 "하나님의 큰 일"이라는 어구는 구약성서 칠십인역에서 "선포의 동사들과 대개 연관되어 있고, 바로 그렇게 선포로서 사람들에게 말해진 것이다"라고 한다(149). 또 이렇게 방언이 사람들에게 말해진 것이라는 것은 사도행전 10:46에도 나온다. 비록 여기에서 방언은 하나님 높임과 연관되어 있지만, 사람들이 그것을 보고 놀랐다는 것이 중요하다. 또 사도행전 19:6에서도 방언은 예언과 함께 나오는데, 여기서도 방언은 사람들에게 향해 있다. 이 모든 것을 종합해 볼 때 사도행전에서 방언은 찬양과 함께 선포라는 것을 알 수 있다.

셋째, 골로새서 3:16은 "그리스도의 말씀이 너희 속에 풍성히 거하여 모든 지혜로 피차 가르치며 권면하고 시와 찬송과 신령한 노래를 부르며 감사하는 마음으로 하나님을 찬양하고"라는 구절인데, 멘지스는 여기서 "신령한 노래"는 방언을 가리키는데 이렇게 신령한 노래를 부르는 것을 "피차 가르치며 권면하는 것"의 한 방식으로 볼 수 있다고 한다(150). 멘지스의 말을 빌리면, "비록 이런 일이 어떻게 정확히 일어나는지 명확히 언급된 것은 아닐지라도, 바울은 방언 통역 혹은 방언 찬양이 알아들을 수 있는 노래와 선포와 조화를 이루어 영적인 찬양의 의미가 투명하게 되는 것을 염두에 둔 것이라고 볼 수 있다"(150). 어쨌든 "여기서도 강조된 것은 찬양이나 감사나 가르침의 내용이 아니라 방언이 공동체에 끼친 영향이다"(150).

이것을 통해 볼 때 우리는 고린도전서 14:2에 근거하여 방언을 오직 하나님께 향하는 기도나 찬양으로 볼 것이 아니다. 방언은 기도와 찬양과 감사의 형태를 띠는 것은 분명하지만 오직 그것만이라고 제안해서는 안 된다.

방언이 선포일 수 있는 또 다른 주석적 근거

필자가 볼 때 위에서 멘지스가 제시한 근거 외에 방언이 선포일 수 있는 또 다른 중요한 근거가 있다. 의외지만 그 근거는 방언을 정의하는 구절인 고린도전서 14:2에 나온다. 바울은 방언은 신자가 하나님께 말하는 것인데, 그 내용을 영으로 "비밀들"(μυστήρια)을 말하는 것이라고 한다. 여기서 "비밀"이란 무엇인가? 사실 여기서 우리말로 "비밀"로 번역된 헬라어 단어 '무스테리온'은 감추기 위한 비밀이 아니라 하나님의 경륜에 따라 언젠가는 모든 이에게 선포될 것이다. 그래서 이 단어를 "비밀"보다는 "신비"로 번역하는 것이 더 나아 보인다.

특히 우리가 주목해야 할 것은 바울이 이 단어를 어떤 의미로 사용하고 있는가 하는 것이다. 바울은 이 단어를 하나님이 말세에 완전히 보여줄 구원의 신비와 관계하여 사용한다. 이것은 바울이 이 단어를 사용한 몇 가지 용례만 보아도 분명하다.

- 롬 11:26, …이 **신비**는 이방인의 충만한 수가 들어오기까지 이스라엘이 더러는 우둔하게 된 것이다.
- 고전 2:1, 형제들아 내가 너희에게 나아가 하나님의 **증거**(혹은 신비[사본에 따라 '증거'와 '신비'로 가리는데 네슬-알란트 28판은 이것을 '신비'로 봄])를 전할 때에…
- 고전 2:7, 오직 **은밀한 가운데 있는** 하나님의 지혜를 말하는 것으로서 곧 감추어졌던 것인데 하나님이 우리의 영광을 위하여 만세 전에 미리 정하신 것이라
- 고전 4:1, 사람이 마땅히 우리를 그리스도의 일꾼이요 하나님의 **비밀**을 맡은 자로 여길지어다
- 고전 13:2, 내가 예언하는 능력이 있어 모든 **비밀**과 모든 지식

을 알고 또 산을 옮길 만한 모든 믿음이 있을지라도 사랑이 없으면 내가 아무 것도 아니요
- 고전 15:51, 보라 내가 너희에게 **비밀**을 말하노니 우리가 다 잠 잘 것이 아니요 마지막 나팔에 순식간에 홀연히 다 변화되리니

여기서 중요한 것은 "비밀"이 바로 복음 선포의 내용이라는 것이다. 바울은 고린도전서 2:1에서 십자가 복음의 선포를 "하나님의 비밀"이라고 말하고 있다. 로마서 11:26에서는 이방인이 구원 받게 되는 것과 유대인이 잠시 불신앙에 빠지게 되는 것이 바로 이 신비의 내용이다. 그런데 고린도전서 14:2에서 신자가 방언으로 말하는 내용이 바로 이 "신비"라는 것이다. 그렇다면 그 신비가 바로 하나님이 주시는 복음의 "선포"인 것이다. 이렇게 "신비"가 선포라는 것은 그 외의 바울 서신에도 잘 나타나 있다.

- 엡 1:9, 그 뜻의 **비밀**을 우리에게 알리신 것이요 그의 기뻐하심을 따라 그리스도 안에서 때가 찬 경륜을 위하여 예정하신 것이니
- 엡 3:3, 곧 계시로 내게 **비밀**을 알게 하신 것은 내가 먼저 간단히 기록함과 같으니
- 엡 5:32, 이 **비밀**이 크도다 나는 그리스도와 교회에 대하여 말하노라
- 엡 6:19, 또 나를 위하여 구할 것은 내게 말씀을 주사 나로 입을 열어 복음의 **비밀**을 담대히 알리게 하옵소서 할 것이니

- 골 1:26, 이 **비밀**은 만세와 만대로부터 감추어졌던 것인데 이제는 그의 성도들에게 나타났고
- 골 4:3, 또한 우리를 위하여 기도하되 하나님이 전도할 문을 우리에게 열어 주사 그리스도의 **비밀**을 말하게 하시기를 구하라 내가 이 일 때문에 매임을 당하였노라

그렇다면 어떤 사람이 방언을 할 때 개인적인 내용을 말할 수도 있지만, 하나님의 구원의 신비를 말할 수도 있는 것이기에 그것은 하나님의 말씀을 선포하는 것이라고 할 수 있다. 바울이 방언의 내용을 "신비"라고 말한 것은 놀랍다. 신자는 방언을 통해서 스스로에게 하나님의 구원의 신비를 선포하는 것이고, 또 그것이 통역될 때 그것을 듣는 사람에게도 그것을 선포하는 것이다. 이것은 사도행전 2:11에 나오는 "우리의 각 언어로 하나님의 큰 일을 말"하는 것과 놀랍도록 일치하는 것이다. 바울에게 방언은 기도일 뿐만 아니라 그 안에 하나님의 구원의 신비를 선포하는 내용도 포함되어 있는 것이다.

선포 방언의 적용과 실천

우리가 선포로서의 방언을 인정한다면 교회 예배와 모임에서 방언은 어떤 기능을 하는가? 첫째, 방언은 공동체가 모여서 통성 기도로 같이 영으로 기도하고 영으로 찬양하는 것으로 나타날 수 있다. 둘째, 방언은 개인 기도로 할 수 있다. 셋째, 방언은 그 통역을 통해 하나님의 구원의 신비가 선포될 수 있다. 방언의 내용은 성경의 구원의 신비가 구체적인 상황 속에서 그 공동체에 맞는

선포일 수 있다. 그렇다면 방언은 통역을 통해서 메시지로 주어질 수 있는 것이다. 그래서 어떤 사람이 방언하고 통역을 할 때, 그 방언의 내용은 기도일 수도 있고 선포일 수도 있는 것이다.

그렇다면, 이러한 방언에 이은 통역의 기능은 예언의 기능과 일치하는 것인데, 왜 굳이 방언에 이러한 기능이 필요한가? 사람은 자신이 예언을 통해 하나님의 메시지를 전한다고 할 때 두려움이 있을 수 있다. 하지만 단순히 방언하는 것은 덜 부담스러울 수 있다. 또 통역도 그것 자체가 예언은 아니기에 좀 더 편안한 마음으로 할 수 있다. 그래서 하나님은 때로는 직접 예언을 통해서, 때로는 방언과 통역을 통한 메시지를 통해서 성령은 공동체 예배 가운데 역사하여 공동체의 선을 이루기 위해 이 은사들의 나타남을 주는 것이다.

바울이 방언을 선포로 보는 것이 맞다면, 오늘날 교회에서 방언이 개인 기도로만 사용되는 것이 아니라 공동체에서 통역을 통해 하나님의 메시지를 전달하는 기능으로 사용될 수 있는 것이다. 필자 자신도 방언이 이렇게 사용되는 것을 보았고, 또 그렇게 사용될 때 방언이 통역을 통해 예언과 같은 효과를 내는 기능을 할 수 있어, 방언이 공동체의 건덕을 위해 사용될 수 있는 것이다. 물론, 예언을 분별해서 받아들여야 하듯이, 방언 통역도 마찬가지다.

2. 방언은 성령 세례의 표적인가?

20세기가 시작되면서 미국에서 오순절 운동이 시작되었을 때 사람들의 핵심 관심 주제는 오순절 선물인 이른바 성령 세례였다. 성령 세례는 19세기 부흥 운동에서부터 관심 있던 주제로 그것이 중생과는 구별되며, 중생 이후에 주어지는 체험이라는 데 부흥 운동가들 대부분이 동의했다. 이것은 전통적인 칼뱅주의 교리와는 대비되는 것이었다. 부흥 운동과 오순절 운동 간의 이견은 이 선물의 성격에 관한 것이었다. 전자는 이것을 성결을 위한 체험으로, 후자는 사역을 위한 능력 체험으로 보았다. 결정적으로 오순절 운동이 타 운동과는 구별된 것은 이 체험의 "첫 육체적 증거"를 방언으로 본 것이었다.

예상한 바와 같이 이러한 오순절주의자들의 주장은 많은 논쟁을 불러왔다. "방언 체험이 없으면 성령 세례를 체험하지 않은 것이냐? 왜 굳이 방언만을 증거로 말하느냐? 방언은 이제 사라졌다"는 등 다양한 반대의 목소리가 있었다. 이러한 논쟁은 오순절주의자들과 복음주의자들은 처음에는 반목하다가 차후에는 학문적 대화를 건설적으로 해서 상호 간에 영향을 주었다. 복음주의자들 중 일부는 이 체험을 받아들이되 방언이 증거라는 것은 받아들이지 않았고, 오순절주의자들은 방언만이 증거라고는 애써 주장하지 않게 되었다. 한국 오순절 교회에서는 성령 세례라는 말보다 성령 충만이라는 말을 주로 사용함으로써 논쟁을 피하려 했다. 그러면서 아이러니하게도 복음주의 서클에서는 방언하는 자들이 많이 생겼고, 오순절주의자들 중에는 방언을 못하는 사람도 생겼다.

필자는 과거에 미국과 한국 교회에서 많은 논란을 불러왔던 방언이 성령 세례 체험의 증거인가 하는 문제를 새롭게 논의해 보고자 한다. 고전적 오순절주의에서는 사도행전 내러티브에서 사람들이 성령을 체험할 때 대부분 방언을 체험했기에, 방언이 그 성령 체험의 증거라고 보았다. 결론적으로는 같은 주장이지만, 성서학자로서 필자는 여기에서 조금 다른 견지에서 이 논의를 해 보고자 한다.

멘지스의 새로운 접근

이 문제를 새로운 시각에서 전개한 이 중의 하나는 오순절 신약학자인 로벗 멘지스(Robert P. Menzies)다. 그는 이 문제를 성서신학과 조직신학의 각 영역과 그 관계 속에서 풀어 보고자 했다. 성서 각 저자는 자신이 쓴 글을 통하여 자신의 입장을 의도(intention)로 드러낸다. 성서학자는 주석을 통해서 그 의도가 무엇인지 캐낸다. 성서 신학자는 저자 자신이 직접 혹은 간접적으로 말한 것이 무엇인지 밝혀내 보려 한다. 반면, 조직 신학자는 오늘의 필요에 따라서 성서 저자가 하지 않은 질문도 할 수 있다. 그리고 그 질문에 대한 답변을 현재에 필요에 맞추어 얻어낸다. 이때 조직 신학자는 비록 성서 저자가 직접적으로 의도하지 않았을지라도 성서 저자의 사상에 따르면 어떤 결론에 이르렀을 것으로 추정함으로 답을 얻어 낼 수 있다(Robert P. Menzies, *Spirit and Power*, ch. 8. Evidential Tongues).

본래의 주장을 새로운 견지에서 말함

지금까지 오순절주의에서 질문한 것은 이것이다: 방언이 성령 세례 혹은 오순절 선물의 "첫 육체적 증거"인가? 우선 이 질문을 바울에게 해 본다면 바울은 이런 증거라는 데 관심이 있어 보이지 않는다. 바울의 관심사는 모든 신자는 성령을 체험함으로써 신자가 된다는 것이었다(갈 3:2). 다음으로, 누가에게 질문을 해 본다면 누가는 성령 세례의 성격이 사역을 위한 능력 받는 것이라는데 관심이 있었지(행 1:8), 그 증거가 무엇인지 누가복음과 사도행전에 명시적으로 말한 것은 아니다. 누가는 성령 세례의 증거에 대해서 관심을 가지고 성령 체험 사건을 기록한 것은 아니다. 다만, 누가가 기록한 대부분의 성령 체험 사건에서 방언이 그 체험으로 언급된 것은 사실이다.

이 질문을 조직신학적으로 해 볼 수 있다. 누가와 바울은 이 문제를 직접적으로 다루지 않았지만, 오늘날 성령 세례 체험의 증거에 대해서 우리는 논의해 볼 수 있다. 구체적으로 그것이 방언이 될 수 있는가를 우리는 질문해 볼 수 있다. 첫째, 우리가 이 질문을 바울 서신을 근거로 질문해 본다면 이렇게 대답할 수 있다. 바울은 모든 신자가 사적 기도 시에 방언하는 것을 권하고 있고, 또 그렇게 할 수 있다고 보았다(고전 14:5상). 성령의 은사로 다른 여덟 가지가 언급되는데, 그것이 발현될 때 그 사람에게 성령의 나타나심이 있는 것을 알 수 있다(고전 12:7). 그런데 예언, 방언 통역, 지혜의 말씀은 체험자의 모국어로 말하는 것이기에 그것이 성령에 의한 것인지, 자신이 그냥 말하는 것인지, 듣는 이에게 즉각적으로 자명하지 않다. 반면, 방언은 초자연적으로 인간이 할 수 없는 말이기에, 어떤 사람이 방언을 말하면 그 사람에게 성령의 현시가 있음을 알 수 있고, 그래서 방언은 성령의 현시에 대한 증거로 기능할 수 있다.

둘째, 우리가 이 질문을 누가에게 해 본다면 비슷한 결과를 얻을 수 있다. 사도행전에 보면 성령 세례를 사람이 체험했을 때, 흔히 방언과 예언 등이 나온다(행 2:4; 8:17; 10:44-46; 19:7). 사도행전에 나오는 성령 세례 사건에서 사마리아 사건(행 8:14-17)을 제외하면 모두 방언이 언급된다. 사마리아 사건에서도 그 내용이 사람들이 분명히 인식할 수 있는 무엇이기에 방언도 여기에 포함되었을 가능성이 높다.

누가의 입장에서는 방언과 예언은 성령이 주신 말씀을 영감받아 하는 것이기에 그 뿌리가 같은 것이다. 그런데 예언은 모국어로 하는 것이기에, 그것이 성령 세례의 결과로 하는 것인지, 자신이 평상시 가지고 있던 생각으로 하는 것인지 듣는 이가 잘 구별할 수 없다. 반면, 방언의 경우에는 성령을 체험하지 않고는 할 수 없는 것이기에 다른 사람이 볼 때 그 사람이 성령 세례를 받아 그것을 하는 것임을 인식할 수 있다. 그래서 방언은 성령 체험을 말하는 증거가 된다. 실제로 고넬료 집안 사람들이 성령 받은 사건에서도 사람들이 그들이 그것을 체험한 것을 확증한 것은 "방언을 말하며 하나님 높임을 들음"에서다(행 10:46). 바울은 성령 세례 체험과 방언 사이에 이유를 나타내는 접속사 '가르'(왜냐하면)를 사용하고 있다. 그래서 누가에게 있어서도 방언은 성령 체험의 증거가 된다고 말할 수 있다.

이 모든 것을 종합적으로 볼 때, 오늘날의 질문으로서 방언이 성령 세례 체험의 "첫 육체적 증거"인가 하는 질문에 대해서 우리는 이렇게 말할 수 있다. 바울과 누가의 성령 체험에 대한 기술로 볼 때 방언은 그 증거가 된다. 물론, 이 말은 방언을 받지 않으면 성령 세례를 받지 않았다는 말은 아니다. 성령 체험이 방언 이외에 예언과 하나님을 높임 등 다른 증거가 있을 수 있지만, 그것은 보는 사람에 따라 증거로서 인정될 수도 있고, 그렇지 않을 수도 있기에 자명한 증거라고 말할 수 없다는 것이다. 방언만이 모든 사람에게 자명한 증거가 된다고 말할 수 있다. 이상을 통해 요약하면 '방언이 성령 세례의 증거다'라는 말보다도 '방언이 성령 세례의 증거가 된다'라고 말할 수 있다.

현재 오순절 교회의 상황

그런데 오늘날 오순절 교회에서조차도 성령 세례와 방언 체험의 관계에 대해서 잘 말하지 않는다. 특히 최근 들어서는 방언이 성령 세례의 증거가 된다는 말은 거의 하지 않는다. 필자 자신도 지금까지 논란을 피하기 위해 방언을 바울이 말하는 방언 기도(고전 14:2)라는 측면에서 주로 접근했지, 누가-행전에서 말하는 성령 세례 혹은 오순절 성령 체험의 증거라는 입장에서는 말하지 않았다. 언제부터인가 오순절 교회에서도 성령 세례라는 말보다는 성령 충만이라는 말을 더 선호해서 말했다. 성령 충만은 내적인 충만과 외적인 충만 두 가지가 있기에 듣는 이에 따라 자신이 선호하는 것을 주로 선택하니 논란이 줄어들었다.

그러면 이러한 접근이 과연 지혜로운 것이었나? 오순절 역사 신학자인 빈슨 사이난(Vinson Synan)은 이에 관해서 흥미로운 분석을 내놓았다. 그는 오순절 교리인 방언이 성령 세례의 '첫 육체적 증거(initial physical evidence)'라는 점을 인정하는 것 여부가 교회 성장 여부를 결정했다고 한다. 한 모임이 두 교파로 갈라져 두 모임이 되었는데(1908년), 그중 한 교파인 Church of

God in Christ(COGIC)는 이것을 인정하는 교단이었고, Church of Christ(Holiness)는 인정하지 않는 교단이었는데, 1990년 기준으로 후자는 그 멤버가 15,000명이었고, 전자는 370만이었다. 또 원래 하나였던 하나님의 성회(AG)와 Christian Missionary Alliance(CMA) 교단 중 전자는 방언의 중요성을 인정했고, 후자는 '추구하지도 말고 금하지도 말라'는 입장이었는데, 1992년 기준으로 후자는 미국에서 그 멤버가 265,863명이었고, 전자는 190만 명이 되었다. 세계적으로 보면 후자는 2,170,890명이고 전자는 2,500백만 명이다(Vinson Synan, "The Role of Tongues as Initial Evidence," 81; Menzies, *Speaking in Tongues*, 11에서 재인용).

그래서 사이난은 이 문제에 대해서 이렇게 결론 내린다.

> 결국 첫 증거로서의 방언에 대한 가르침은 최근 교회사에서 주요 역할을 해 왔다. 방언을 설명하는 바로 그 오순절 경험과 교리는 종교개혁 이후 기독교계에서 가장 폭발적인 운동에 활력을 불어넣어 주었다. 첫 증거 교리 입장 없이 오순절 운동이 이렇게 발전했다는 것은 상상할 수 없는 일이다. 사실은 이 가르침이 수백만의 기독교인들이 드라마틱한 인생을 바꾸는 성령세례의 체험을 받도록 인도했고, 그 결과 성령 충만한 신자들의 삶에 있어서 다른 모든 은사들의 폭발을 가져왔다. 최후의 그리고 가장 중요한 결과는 전 세계적인 복음화가 믿을 수 없는 만큼 성장했는데, 그것은 전 세계 국가에서 표적과 기사가 은사적으로 나타나는 결과를 낳았다(Synan, "The Role of Tongues as Initial Evidence," 82; Menzies, *Speaking in Tongues*, 12에서 재인용).

왜 방언이 성령 세례의 증거가 된다는 교리를 말하기 주저하는가?

그렇다면 오순절 교회는 왜 이렇게 중대한 방언인 성령 세례의 증거라는 교리를 유지하지도 선포하지도 못하는가? 멘지스는 미국 오순절 목사들이 방언에 관계해서 세 가지 두려움이 있다고 말한다. 첫째, "불일치에 대한 두려움"이다. 즉 방언을 말하면 그것을 싫어하는 사람들과 의견이 갈려 이 사람들이 교회를 떠날 것이라는 두려움이다. 둘째, "당황에 대한 두려움"이다. 이것은 방언을 설교했는데 청중이 그것을 경험하지 못할 것에 대한 두려움이다. 셋째, 이른바 "통제 불가능한 불 혹은 지나침에 대한 두려움"이다. 즉 교회에서 방언 사역을 하면 고린도교회처럼 통제 불가능하게 되는 것이 아닌가 하는 두려움이 있다. 멘지스는 이러한 두려움은 "성경의 명령에 대한 분명한 이해"를 하면 극복될 수 있다고 본다 (Menzies, *Speaking in Tongues*, 7).

현재 국내외를 막론하고 오순절 목사들은 이전의 오순절 목사들에 비해서 방언에 대한 확신이 부족하다. 그 이유는 무엇인가? 멘지스는 그것을 오순절주의의 복음주의화 때문이라고 말한다. 오순절 목회자들이 복음주의 계열의 학자들의 책을 보고 공부하며, 많은 오순절주의자들이 복음주의 신학교에서 박사 학위를 받고 가르치면서 자연스럽게 영향을 받은 것이다. 처음에는 이러한 조류는 오순절 교회에 긍정적인 결과를 낳게 했다. 고든 피(Gordon D. Fee)와 멘지스를 비롯해서 많은 사람이 비오순절 기관에서 박사 학위를 받고 오순절 신학을 현대 성서학의 학문 방법에 따라 설명해 냄으로써 오순절 신학이 그 토대가 탄탄해지는 효과를 얻었다. 하지만 이후에는 오순절주의가 복음주의에 동화되어 그 독특성을 잃는 결과도 생겼다.

그러면 이제 어떻게 해야 하는가?

그렇다면 이러한 현재 상황에서 한국 오순절 교회는 성령 세례와 방언에 대해서 어떤 입장을 견지해야 할 것인가? 필자는 오순절 신학자의 입장에서 오순절 목회자들에게 다음과 같이 제안한다. 첫째, 방언을 바울의 방언 기도론에서만 접근하지 말고, 사도행전에 나오는 성령 세례 혹은 성령의 선물이라는 관점에서도 접근해야 한다. 방언에 대한 것은 우선 성서신학적으로 바울과 누가가 말하는 것이 무엇인지 정확히 알아야 한다. 그리고 바울의 공헌과 누가의 공헌을 신학적으로 잘 정리하되, 바울의 방언론과 아울러 누가의 방언론도 성령 세례론과 연관하여 잘 설파해야 한다.

둘째, 방언이 성령 세례의 "첫 육체적 증거"라는 것을 계속 설파해야 한다. 이것이 없이는 방언의 중요성을 사람들이 인식하기 어렵고 방언을 체험하는 사람들도 줄어든다. 비록 약간의 외부 비판을 받더라도 오순절주의의 핵심 교리를 그대로 유지해야 전체 기독교계에서도 오순절 운동이 공헌할 수 있다.

셋째, 이러한 입장에 대한 타 교단의 반대에 대해서는 성서학적으로, 신학적으로 잘 대처해 나가면 된다. 오순절 신학은 복음주의 신학과 성서를 하나님의 말씀으로 믿는 공통 토대 위에 있다. 또 성서를 해석하는 법에 있어서 오순절 신학만의 독특성이 있다. 이 양자를 잘 유지해 가면서 다른 신학적 입장을 가진 사람들과 학문적인 교류를 하면, 오순절 신학의 독특성을 유지하면서 오순절 신학만의 공헌을 하게 될 것이다.

우리는 방언이 성령 세례의 증거인가를 질문했다. 이 질문에 대해서 멘지스의 주장과 연관하여 요약적으로 대답하면 다음과 같다. 첫째, 바울은 방언이 모든 신자가 받은 것이고, 그것을 활용해서 신앙이 성장할 수 있다고 본다. 둘째, 누가는 오순절 선물을 "영감받는 말을 하는 것인데", 그중에서 방언이 "증거로서의 특징을 가진다." 셋째, 그래서 "우리가 오순절 선물, 즉 성령 세례를 받으면 방언을 기대해야 하고, 이것이 오순절 선물을 받았는지에 대한 증거로서 기능한다"(Menzies, *Spirit and Power: Foundations of Pentecostal Experience*, 130).

3. 방언에는 깊은 신학이 배어 있다고?

그동안 방언 연구는 크게 세 방향에서 이루어져 왔다. 첫째, 주석적 연구로서 신약성서에 나오는 방언 본문을 연구하는 것이다. 예컨대 바울과 누가가 특정 구절에서 방언을 어떻게 설명했는가를 연구하는 것이다. 둘째, 사회과학적 연구로서 방언 현상을 심리학적·사회학적·상담학적 관점에서 관찰하는 것이다. 셋째, 신학적 연구로서 방언을 주요 신학적 주제에 연관하여 분석하는 것이다.

필자는 방언을 연구할 때 성서학자로서 그동안 주로 주석적 연구에 몰두해 왔다. 그런데 방언을 신앙적으로 올바로 이해하려면 주석적 연구뿐만 아니라 신학적 분석이 필요하다. 우선, 필자 자신의 연구보다는 이에 관한 전문 신학자들의 연구 결과를 몇 가지 소개하려고 한다. 방언을 신학적으로 분석한 고전적 논문은 마키아(Frank D. Macchia)의 "말할 수 없는 탄식: 방언 신학을 위한 일고"
다. 이 논문은 본래 「오순절 신학 저널」(*Journal of Pentecostal Theology*)
창간호(1992)에 게재되었던 것을 필자와 필자의 제자 황태식이 번
역하여 「오순절신학논단」 5(2007)에 번역 논문으로 출판한 바 있
다. 그 내용의 핵심을 요약해서 소개하면 다음과 같다.

마키아가 주창한 방언 신학

첫째, 방언은 말세에 일어난 신현현 사건이다. 예수 부활 후 최초의 오순절에 일어난 사건에는 불과 바람이 등장하는데(행 2:1 이하) 이것은 시내산의 신 현현과 유사하다는 것이다. 시내산 사건에서 큰 소리가 중요한데 오순절 사건에는 강한 바람 소리가 있었고 후대에 발전된 전승에 의하면 시내산 신 현현의 소리가 모든 나라의 언어로 들렸다는 것이 있는데, 바로 오순절에 일어난 방언 사건이 현장에 있던 사람들에게 자기 언어로 들렸다는 것도 유사하다는 것이다. 그런데 베드로는 신 현현의 사건을 말세에 일어날 사건으로 해석한다(행 2:17-21). 곧 누가는 오순절에 일어난 방언 사건을 말세에 일어난 하나님의 현현 사건으로 규정하고 있는 것이다.

둘째, 방언은 하나님 임재하에서의 언어 체험이다. 오순절 방언 사건이 하나님의 현현 사건이라면, 이것을 체험한 사람에게 있어서는 하나님의 임재 체험 사건이 된다. 특별히 언어 발설을 통한 하나님 임재 체험이다. 한 신학자는 이것을 '자유를 향한 외침'이라고 했다. 시인이 자신의 마음과 생각을 언어로 제대로 표현할 수 없어서 당황할 때가 있듯이 신자가 하나님께 대한 신앙을 인간

의 언어로 다 표현할 수 없어서 절망스러울 때, 방언은 하나님의 임재하에서 인간 이성의 한계 너머에 있는 언어로 그것을 표현하는 것이라는 것이다.

셋째, 방언은 성도의 거룩한 교제 체험이다. 방언은 주님과의 하나 됨, 성도 간의 교제 체험을 하게 한다고 한다. 방언 체험을 통해 신자는 하나님의 임재 가운데 주님과 하나 됨을 체험하게 되고, 이어 공동체 모임 가운데 동시에 함께 방언을 하면서 성도들의 코이노니아가 일어난다는 것이다. 이러한 체험은 신자를 인종, 남녀, 노소에 관계없이 그리스도 안에서 하나 되도록 이끈다. 방언 체험을 한 오순절 사건을 해석하면서 누가는 이것은 노소, 주종의 벽을 깨뜨린 체험임을 요엘서를 인용하여 증거한다(행 2:17-18). 또 바울은 방언의 은사가 포함된 성령의 은사를 소개하면서 성령 세례는 유대인이나 헬라인이나, 종이나 자유인이나 모두 하나가 되게 했다고 말한다(고전 12:13). 바로 방언 체험은 성도의 거룩한 교제가 이루어지는 체험인 것이다. 그래서 실제로 초대 교회에서 성령 체험을 한 사람들이 쓴 신약성서는 당시의 어떤 문서와 비교해도 남녀평등, 주종관계, 유대인/헬라인 관계에서 혁명적으로 민주적이고 열려 있는 입장에 서 있었다. 미국에서 일어난 오순절 운동도 여성 안수를 가능하게 했고, 인종 간 교제에도 더 열려 있게 했다.

넷째, 방언은 십자가 체험이다. 방언 체험을 성령 체험으로만 해석하는 경우가 많다. 그런데 마키아는 방언 체험이 십자가 신학과 연결되어 있음을 본다. 그는 사도행전 2장에 나오는 베드로의 설교에서 오순절 체험은 예수의 십자가와 부활에 대한 신앙으로 이어져 있다는 것을 주목한다. 결국 베드로가 주장한 것은 이 방언 체험을 통해 예수님이 십자가를 지고 부활한 것을 깨닫고 믿게 되었다는 것이다. 그래서 이것을 힘써, 곧바로 전하고 있는 것이다.

다섯째, 방언은 새 창조 체험이다. 마키아의 말을 그대로 인용하면 다음과 같다. "방언은 다가올 구속과 해방에 대한 갈망일 뿐만 아니라, 그것이 이미 시작되었고 현재 진행 중이라는 '증거'이다. 하나님이 변화시키고 해방시키는 활동을 한다는 이러한 증거는 성서에서 신 현현의 필수적인 요소다. 뎀스터에 의하면, 방언은 예수 그리스도의 복음이 역사를 재창조하는 것이라는 표징으로서, '언어의 재창조'이다. 사도행전에서 방언이 증거되는 곳은 어디서든지, 사회적 관계가 변혁되었다. 신유와 마찬가지로, 오순절주의자들에게 방언은 단지 영혼의 해방뿐 아니라, 인간 존재의 모든 면: 영혼, 마음, 육체, 사회적 관계에서의 해방을 위한 예수 그리스도의 복음의 표징이다."

마카아의 방언에 대한 신학적 분석은 성경이 말하는 방언에 대해서 그 신학적 의미가 무엇인지를 우리에게 잘 가르쳐 주고 있다. 이러한 분석은 방언을 체험한 사람들에게는 자신이 체험한 방언이 신학적으로 어떤 근거가 있는 것인지를 제공해 줄 것이다. 그런데 우리 교회에서는 방언 체험이 어떤 면으로는 남녀평등, 여성 안수 등을 통하여 성령을 통한 교회와 사회 변혁에 이바지했지만, 다른 측면으로는 유교식 가부장제적 교회 구조를 깨뜨리지는 못했다. 최근 한국 교회에서 일어나는 파열음은 이것과 무관하지 않다. 초기 교회의 성령과 방언 체험은 체험자의 마음을 변혁시키고, 이어서 사람을 억압하는 교회와 사회 구조도 깨뜨렸다는 것을 기억했으면 좋겠다. 방언은 죄와 인습을 깨뜨리는 해방 체험인 것이다.

방언에는 신학이 배어 있다

마키아를 필두로 최근 반세기 동안 서구 학자들의 연구를 통해 방언에는 바울의 신학이 깊이 배어 있다는 것이 확인되었다. 그것을 요약적으로 소개하면 다음과 같다(이 부분은 김동수, 『방언, 성령의 은사: 성경과 교회 역사에 나타난 방언』[용인: 킹덤북스, 2015], "제2장 방언에는 신학이 있다"의 내용 일부를 요약한 것이다).

첫째, 방언은 종말을 사는 신자가 연약함 때문에 필요한 것이다(Gordon D. Fee). 바울 신학은 철저하게 종말론의 틀에서 형성되어 있는데, 문제는 종말을 사는 신자는 종말을 올바로 살아내는데 있어서 무능력하다는 것이다. 그런데 바울 신학에는 인간이 연약할 때 하나님이 주시는 능력으로 강하게 된다는 원리가 있다(고후 12:9). 방언은 바로 종말을 사는 신자가 기도에 있어서 무엇을 기도할지 모르는 무능력함을 고백할 때 성령의 직접적인 도움으로 올바로 기도할 수 있게 되는 은사다(롬 8:26).

둘째, 방언은 성령이 신자의 탄식에 공감하는 것을 경험하는 것이다(John Bertone). 종말에는 일반 피조물도, 최고의 피조물인 인간도 탄식한다(롬 8:22, 23). 그런데 이렇게 탄식할 때 성령도 인간의 탄식에 공감하여 "말로 표현할 수 없는 탄식으로" 신자의 탄식에 공감 탄식해 주는데(롬 8:26), 그것이 바로 방언이다. 현대에 방언하는 사람들은 그 내용이 무엇인지는 모르지만, 방언을 실행하는 가운데, 성령의 공감을 체험하여 마음의 치유를 받는 체험을 한다.

셋째, 방언은 타락으로 깨어진 하나님의 형상을 회복하게 하는 중요한 도구 중 하나다(Blain Charette). "바울에게 있어 개인 신앙 성장을 위한 중요한 개념 중 하나는 신자가 하나님의 형상을 그리스도 안에서 본받는 것이다(고후 4:4; 골 1:15). 그리고 그렇게 본받는 것을 바울은 집을 세우는 것에 비유한다(고전 3:9; 고후 5:1)"(김동수, 『방언, 성령의 은사: 성경과 교회 역사에 나타난 방언』, 75). 방언이 바로 이러한 역할을 하는 은사 중 하나다. 방언은 깨어진 하나님의 형상을 "세우는"(οἰκοδομέω) 은사다(고전 14:4).

넷째, 방언은 성령을 통해 하나님의 임재를 체험하는 것이다(F. Macchia). 누가는 신자가 성령 충만을 체험하는 현상 중 하나로 방언을 말하고 있고(행 2:4), 바울은 성령의 나타남의 하나로 방언을 말하고 있다(고전 12:7). 누가와 바울 모두 방언은 성령 체험 안에 있는 것이고, 이것을 통해 신현현(神顯現)을 맛보는 것이라는 것이 전제되어 있다. 방언 체험은 그 내용도 중요하지만, 방언 체험 자체가 하나님이신 성령의 임재를 체험하는 것이기에 방언은 거룩한 분과 조우(遭遇)하는 것이다.

다섯째, 방언은 성경의 내용을 오늘에 사건화한 체험이다(Robert P. Menzies). 방언은 성경의 독자로 하여금 성경의 세계를 오늘에 사건화하는 체험이다. 방언 체험은 성경의 세계와 오늘의 세계의 간극을 메워주어 방언 이외에도 성경의 세계에 있는 것들이 오늘날 체험되고 성취된다는 확신을 준다. 그래서 방언을 체험하면 "그들의 이야기"가 "우리들의 이야기"가 되어 성경의 세계가 이전보다 가깝고 친숙하게 느껴진다.

4. 방언 통역, 어떻게 하는 것인가?

한국에서 어느 교회에 가든지 방언하는 사람은 어렵지 않게 찾아볼 수 있다. 목사 사모님이나 교회에서 열심히 기도하는 권사님치고 방언 못하는 사람은 드물다. 그러면 방언 통역은 어떤가? 한국 교회에서 방언하는 사람들의 숫자에 비해 방언 통역을 하는 사람은 현저하게 적다.

이와 같은 현상은 학문 세계에서도 마찬가지다. 지금 전 세계적으로 방언에 관한 논문과 연구서는 차고 방언 참고 도서 목록만으로 된 책이 있을 정도다. 신약학 분야를 비롯하여, 조직신학과 교회사, 또 심리학, 상담학, 교육학, 목회학에 이르기까지 학문 제 분야에서 방언을 논하고 있다. 그런데 지금까지 방언 통역에 대한 연구는 미미했다. 필자가 2021년에 방언 통역에 관한 연구 논문을 썼는데, 그것은 한국어로 된 방언 통역에 관한 최초의 학술 논문이었다("방언 통역이란 무엇인가?," 「영산신학저널」 58 [2021], 7-31). 서구에서도 1979년에 티슬턴이 방언 통역에 관한 쓴 논문 이후 40년이 넘게 방언 통역만을 심도 있게 다룬 논문이 아직도 나오지 않고 있다.

이렇게 방언 통역에 관한 연구가 미미했던 이유는 무엇일까? 우선, 신학계에서는 방언 통역에 관한 특별한 논쟁점도 많지 않다. 또 교회 안에서 방언 통역은 방언을 알아듣게 말하는 것이기에 위험하다고 보아 방언 통역을 두려워하거나 꺼려했던 것 같다. 하지만 방언 통역은 성령의 은사 중 하나라는 것(고전 12:10)과 바울은 방언하는 자는 "통역하기를 기도"하라고 하며(고전 14:13), 또 방언 통역은 예언과 같이 교회를 세우는 기능이 있다(고전 14:5)고 말했다는 것을 잊어서는 안 된다.

방언 통역에 대한 오해

고린도전서 12-14장에는 방언 통역과 연관하여 세 단어, 즉 "통역하다"(고전 12:30; 14:5, 13, 27), "통역자"(고전 14:28), "통역"(고전 12:10; 14:26)이 나온다. 영국 신약학자 티슬턴(A. C. Thiselton)은 방언 통역이라는 논문에서("The 'Interpretation' of Tongues? A New Suggestion in the Light of Greek Usage in Philo and Josephus," *JTS* 30 [1979], 15-36.), 바울이 이 단어를 썼을 때 어떤 언어를 통역하는 것을 의미하지 않는다고 주장했다. 그는 바울이 말하는 방언을 어린아이의 옹알이나 의미 없는 말의 조합과 같은 것으로 보고, 방언 통역이란 그것을 바로잡아 분명한 말로 나타내는 것이라고 주장한다. 그는 필로와 특히 요세푸스의 저술에 보면 "통역/통역하다"라는 말이 이러한 용례로 쓰인 경우가 나온다고 한다. 그는 바울도 그런 의미로 방언 통역이라는 말을 사용했다고 주장했다. 그렇다면 바울은 의미 없는 방언은 하지 말고 모든 사람이 알아들을 수 있는 방언을 말하라고 한 것이 된다.

하지만 위와 같은 티슬턴의 주장은 위 단어의 일반적인 쓰임새에 대한 분석으로 볼 때, 또 고린도전서 12-14장의 문맥에서 볼 때 터무니없다. 티슬턴은 바울 이전에 쓰인 '해석하다'라는 단어의 용례를 왜곡해서 제시했고, 또 그것이 고린도전서 12-14장의 정황과 문맥에 적용할 때도 자의적으로 했다. 티슬턴은 바울의 방언 이해를 완전히 오해하고 있다. 그는 바울이 고린도교인들이 하는 방언을 혐오했으며, 그렇기에 방언을 하기보다는 예언이나 방언 통역을 하라고 권했다고 보았다. 하지만 고린도전서 12-14장을 면밀하게 살펴보면 바울이 경계했던 것은 방언으로 기도하는 것 자체가 아니라 방언이 교회 예배에서 오용되는 것이었다. 그 오용의 예로 바울은 방언을 통역 없이 공 예배에서 사용하는 것을 든다(고전 14:6-13). 또 한 가지 오용의 예는 한 사람이 전체 예배 시간을 독점하여 자신에게 나타나는 은사만을 시위하는 것이다(고전 14:26-33). 각 사람은 한 사람 한 사람씩 자신에게 나타난 은사를 나타내 보여야 하는 것이다.

통역이냐? 통변이냐?

바울이 말하는 방언 통역의 은사란 무엇인가? 우선, 번역의 문제가 있다. 한글 공역만 보아도 그 번역이 "통역"(개역개정), "해석"(가톨릭성서), "뜻풀이"(새한글), "해석하는 힘"(공동번역) 등 다양하다. 어쨌든 바울이 말하는 통역의 은사란 통역하는 자가 방언하는 내용을 한 글자 한 글자 그대로 옮긴다기보다는 성령의 역사에 의해서 성령이 알려 주는 것만큼 그 내용을 풀이하는 것에 가깝다. 그래서 영어로는 대개 이것을 "translation"이 아니라 "interpretation"으로 번역한다. CEV는 고전 14:13에서 바울이 통역하기를 기도하라고 권면하는 것을 "자신이 무슨 뜻으로 말하는지 설명하는 것"이라고 번역한다. 그래서 신학자 벰(J. Behm)은 바울이 말하는 통역(고전 12:10)은 "그 의미가 말 그대로를 다 옮기는 번역이 아니라 내용의 핵심을 알려 주는 해석에 가깝다고 본다"(J. Behm, "ἑρμηνεία," *TDNT* vol. 2, 661-66).

이런 점으로 볼 때 한국 교회에서 이것을 "방언 통변"으로 흔히 표현해 왔는데, 통역보다도 바울이 말하는 바를 더 적절하게 표현한 것이다. 여기서 통변이 "말이 통하지 아니하는 사람 사이에서 뜻이 통하도록 말을 옮겨 주다"(네이버 국어사전)라는 뜻이라면 이 단어가 바울이 말하는 바와 가깝다. 통역은 말해진 언어를 그 내용 대부분을 저자의 의도에 맞게 말하는 것이라면, 통변은 그것을 넘어 의미를 풀어서 설명하는 것을 말한다. 방언 통역이 바로 그런 것이다. 방언하는 것을 그대로 통역하는 개념이라기보다는 방언을 통해서 말해진 것을 성령이 청중에게 덕이 되게 하기 위한 내용을 말하게 하는 것이기 때문이다(고전 14:5).

방언 통역의 본질

방언 통역이란 하나님과 신자가 성령을 통해 교통하는 데 사용되는 상징 언어인 방언을 이성의 영역에서 알아듣는 말로 말하는 성령의 은사다. 방언이 성령의 나타남으로 되듯이, 방언 통역도 마찬가지다. 성령의 나타남으로 일시적이고 순간적으로 방언의 내용이 통역하는 사람에게 알려져 혹은 통역하는 사람의 입으로 터져 나오는 것이다. 방언 통역의 은사가 나타난다는 것은 다른 사람이 방언으로 기도하는 내용 모두를 자동적으로 알게 되는 것은 아니다. 혹은 어떤 방언을 들어도 그 뜻을 저절로 알게 되는 것이 아니다. 성령의 나타남(고전 12:7) 혹은 성령의 계시(고전 14:26)로 갑자기 그 뜻을 알게 되어 그것을 말로 하는 것이다.

그렇다면 통역의 은사가 임하면 그 뜻을 어느 정도 알게 되는 것인가? 필자는 이전에 쓴 논문에서 이 부분에 대해서 말한 바 있다(김동수, 앞의 논문, 25-26).

그러면 통역하는 자는 방언의 내용을 어느 정도 알고 하는 것인가? 방언 통역도 성령의 다른 은사들처럼 "성령의 나타남"으로 주어지는 것이기 때문에(고전 12:7), 방언을 언어로 알아들어 통역하는 것이 아니라 그 내용을 성령을 통해 알게 되는 것이다. 예언할 때도 예언하는 사람이 "부분적으로 알고 부분적으로 예언"하는 것처럼(고전 12:10), 방언 통역을 하는 사람도 그렇게 한다고 볼 수 있다. 즉 방언의 내용을 다 이해하고 알아서 통역하는 것이 아니라 성령이 그 시간에 현시하는 한에서 그것을 말하는 것이다. 모든 성령의 은사에 의해 영감받은 말을 하는 것은 그 체험자가 그것을 완벽히 알아서 하는 것이 아니라 "거울로 보는 것 같이 희미하"게 보이는 것을(고전 13:12), 성령의 현시에 순종하여 그것을 말하는 것이다.

방언 통역의 실제

방언 통역은 예언하는 방식과 비슷한 것이다. 예언과 방언 통역의 근원은 계시(고전 14:26), 즉 성령이 생각 속에 무엇인가 알려주는 것이다. 예언은 진공 상태에서 알려주는 것이라면, 방언 통역은 방언하는 사람 자신의 혹은 타인이 방언할 때 그것을 알려주는 것이다.

성령이 방언 통역하는 자에게 알려주는 방식은 흔히 다음과 같은 것들이다. 첫째, 방언이 처음 터질 때 본인이 주체할 수 없이 터져 나오듯이, 방언 통역도 자신이 생각할 겨를도 없이 터져 나오는 경우가 있다. 방언을 처음 경험할 때 대개 이러한 현상이 나타나는데, 방언 통역도 이렇게 터져 나오는 경우가 있다. 이때 통역하는 사람은 고민하지 않아도 된다. 터져나오는 방언 통역을 그대로 흘러나오게 하기만 하면 된다.

둘째, 본인이 방언으로 기도할 때 방언에 이어 통역이 자연스럽게 나오기도 한다. 방언으로 오래 기도하다 보면 이렇게 방언 통역이 저절로 나온다. 그래서 방언으로 기도하는 사람은 이것이 방언 통역인지도 모르고 통역하는 경우가 많다. 이렇게 기도할 때 방언과 통역이 연이어 나오면서 자연스럽게 자신의 방언 기도에 대한 방언 통역이 이루어진다.

셋째, 방언 통역은 타인이 방언으로 기도할 때 듣는 사람의 생각 속에 무엇인가 떠오르는 것을 말로 하는 것이다. 그것이 이미지로 떠오를 수도 있고 생각으로 떠오를 수도 있다. 때로는 방언의 내용보다도 방언에 대한 감정이 희로애락으로 느껴지기도 한다. 통역하는 자는 이러한 것이 떠오를 때 믿음으로 그것을 말하기 시작하면 성령이 인도하여 통역을 말로 하게 된다.

넷째, 방언 통역이 귀로 들리는 것인가 하는 문제가 있다. 하나님은 다양한 방식으로 역사하시기 때문에 얼마든지 이렇게 방언 통역이 임할 수 있다. 그런데 예언 자체도 "부분적으로 알고 부분적으로 예언"하는 것이고(고전 13:9), 그것은 "거울로 보는 것 같이 희미"한 것이듯이(고전 13:12) 방언 통역도 그런 것이라고 볼 때, 방언 통역이 음성으로 분명히 들리는 것은 예외적인 경우라고 할 수 있다.

다섯째, 방언을 들으면 곧바로 그 내용을 알게 되는 것은 아니지만, 방언 통역이 자주 임하고 성령의 역사에 더 민감하게 되면 방언을 들을 때 통역을 자연스럽게 할 수 있다. 하지만 성령의 역사에 대한 민감성이 있어야 그것을 캐치할 수 있다. 아무리 신령한 사람이라도 기도가 충분하지 않고 성령의 역사에 대한 감각이 떨어지면 방언 통역을 잘할 수 없게 된다.

방언 통역의 유익과 분별

방언 통역의 유익은 예언의 유익과 정확히 일치한다. 그 말을 알아듣고 하나님의 뜻을 깨달아 하나님께 책망 혹은 위로를 받아 그것을 들은 사람의 신앙이 똑바로 서는 것이다(고전 14:5). 예언이 하나님으로부터 오는 계시의 형태라면, 통역은 방언을 통해 하나님께 말하는 자신의 기도 내용의 일부를 앎으로서 성령이 자신에게 어떻게 역사하는 것을 알게 되어 은혜를 체험하는 것이다.

그런데 예언의 은사와 마찬가지로 방언 통역도 그 내용을 분별해서 받아들여야 한다. 이 세상에 완벽한 신자의 예언이 없듯이 완벽한 신자의 방언 통역도 없다. 성령 받은 사람이 성령의 나타남으로 방언 통역을 할 때 인간의 연약함으로 인해 그 성령의 역사를 우리는 희미하게 밖에 볼 수 없다. 그래서 그 본 것에 대한 잘못된 해석과 말이 있을 수 있는 것이다. 그래서 성령의 다른 역사인 영 분별의 은사로 ,또 성령의 말씀을 이성으로 이해한 그 상식으로 우리는 방언 통역을 분별해서 받아들여야 한다.

그렇다면 그 희미한 것을 무엇 때문에 골치 아프게 받아들이는가? 확실한 기록된 말씀만 가지고 신앙생활 하면 되지 않는가? 이 질문에 대한 답은 단순하다. 하나님은 이런 방식으로 성령의 역사를 맛보는 것이 신자들에게 유익하다고 보았기에 바울이 그렇게 권면했기 때문이다. 바울은 영으로도 기도하고 이성으로도 기도하겠다고 말한다(고전 14:15). 그렇다면 우리는 이성으로 하나님의 말씀을 받아들이는 것과 아울러 성령의 역사로 방언 통역을 통해 성령이 우리에게 주시고자 하는 메시지도 받아들여야 한다. 그것이 하나님이 우리와 대화하고자 만든 방식이고, 바울도 그렇게 했고, 우리도 그렇게 하라고 바울은 권면하고 있다.

좋은 설교는 설교자의 훌륭한 인격과 설교자의 성령 충만한 상태에서 나오듯이, 좋은 방언 통역도 통역자의 성령의 열매로 나오는 인격과 방언 통역을 할 때의 성령 충만함 여부에 좌우된다. 방언 통역은 통역자를 기계처럼 사용하여 나오는 것이 아니라 통역자의 인격을 통해서 흘러나오는 것이다. 그래서 좋은 방언 통역이 나오려면 성령 충만해야 한다. 깨끗한 수도관에서 깨끗한 수돗물이 나오는 것이다.

5. 방언은 신앙생활에 어떤 유익이 있는가?

우리는 간혹 방언 기도의 은사를 체험했지만 현재에는 계속 사용하지 않는 사람들을 만난다. 이들 중에는 "뜻도 모르는 말을 주문처럼 뇌까리는 것이 신앙생활에 무슨 유익이 있습니까? 차라리 그 시간에 모국어로 기도하든지 성경을 보는 것이 더 낫지 않겠습니까?"라고 말하는 사람도 있다. 다음은 이런 질문들에 대해서 성경적 답변을 제시한 것이다.

방언은 하나님의 형상을 회복시킨다

바울은 고린도전서 14:4에서 방언의 유익에 대해 말한다. "방언을 말하는 자는 자기의 덕을 세우고." 여기서 "덕을 세우다"라는 말로 의역된 헬라어 '오이코도메오'라는 동사는 본래 건축 용어이다. 이 단어는 집이라는 뜻의 '오이코스'에서 근원한 동사인데, 그 뜻은 '집을 세운다'이다. 바울은 건축가로서 교회를 건물의 이미지로 표현한다. 성령이 거하면 모든 신자는 각각이 하나님의 성전인데(고전 3:16) 방언은 그 건물로서의 성전을 세운다는 것이다. 방언을 하면 영적인 성전이 잘 세워진다고 한다. 즉 방언은 어떤 사람의 영적 성장에 직접적으로 공헌한다.

구체적으로 방언 기도가 어떻게 영적 성장을 가져다주는가? 바울은 '오이코도메오'라는 단어를 창조 질서가 무너진 것을 회복하는데 썼다(고전 8:1; 14:17). 바울이 이 단어를 쓴 것은 신자가 자신 안에 있는 하나님의 형상이 깨진 것을 방언 기도를 통해서 회복할 수 있는 것을 보여 주기 위한 것이다. 타락으로 하나님의 형상(고후 4:4; 골 1:15)이 허물어진 것을 방언 기도를 통해서 회복할 수 있는 것이다.

또 방언은 우리가 알지 모르는 부분에서 깨어진 인격을 회복시킨다. 로마서 8:26의 연관된 본문을 보면 신자는 마땅히 기도할 내용을 잘 모르고 있다. 사람은 자기의 욕심에 따라, 자기의 생각에 따라, 자기의 감정에 따라 기도하기 쉽다. 성령의 직접적인 도움이 필요한 것이다. 성령은 신자가 마땅히 기도할 바를 알지 못하나, 오직 말로 표현할 수 없는 방언으로 신자의 기도를 대신해 주신다(롬 8:26). 그럼으로써 우리의 탄식에 동참하여 신자를 치료하신다. 그러면 우리도 알지 못하는 무의식 세계에서 치료가 일어나는 것이다.

방언은 하나님의 임재를 경험하게 한다

방언 체험은 흔히 하나님 임재 체험을 동반한다. 사실 방언 체험 자체가 곧 하나님 임재의 체험은 아니다. 방언은 기본적으로 혀의 체험이다. 자신의 혀를 자신의 뇌가 통제하지 않고 성령이 직접 통제하는 체험이다. 성령이 직접 통제하는 가운데 많은 신자는, 특히 방언을 처음 체험할 때는 하나님 임재의 체험을 동시에 하는 경우가 많다. 하나님 임재의 체험을 직접적으로 한 번도 하지 않은 신자들의 경우에 이 방언 체험은 매우 놀라운 체험일 수 있다. 그래서 오성춘은 방언 체험을 "삶의 방향을 재조정하는 체험"이요, "삼위일체 하나님과의 인격적인 만남을 경험케 하는" 체험이라고 한다(오성춘, 『성령과 목회』, 280-282). 데니스 베네트(Dennis J. Benett)는 『성령 세례와 방언』이라는 책에서 방언이 하나님 임재의 체험임을 다음과 같이 증언한다(50).

> 그러나 방언을 계속하는 동안 또 다른 사실이 나타났습니다. 나의 마음은 점차 기쁨과 행복으로 충만해지기 시작하였습니다. 어린 시절에 나는 진정한 삶의 의미로서 하나님의 임재를 체험했으나 그 후 방황과 좌절로 오랜 기간 방황했습니다. 이런 나를 또 주님께서 나를 감싸 주신 것입니다. 나는 지금처럼 하나님의 임재를 깊이 느껴본 적이 없습니다.
> 어린 시절의 주님의 임재가 컴컴한 가운데 섬광이 한 번 비친

것과 같다면 지금의 이 체험은 마치 어둠 속에서 누가 아주 밝은 등불을 갑자기 켠 것과 같습니다. 하나님의 실제는 내가 지금까지 몸으로 느껴본 바로 그 모습이었습니다. 그러나 두렵지 아니하였고 오히려 감사와 평안이 자리 잡았습니다.

방언 체험은 초자연적 은사에 대해 마음의 문이 열리게 한다

본서 앞에서 우리는 방언의 은사가 다른 초자연적 은사를 체험하는 통로가 될 수 있다고 했다. 그 말은 무슨 뜻일까? 바울이 방언을 체험한 자들에게 통역의 은사 체험을 위해 기도하라고 말한 것으로 보아(고전 14:13), 바울은 방언이 방언 통역의 토대가 되는 은사로 본 것 같다. 또 당시에도 고린도교회에 방언 통역 은사보다 방언의 은사를 체험한 사람이 더 많았던 것 같다. 지금도 성령의 은사 체험자들에게 방언은 첫 성령의 은사 체험인 경우가 많다.

방언이 다른 은사를 체험하는 통로가 될 수 있는 것은 방언 자체에 무슨 신비한 특징이 있어서가 아니다. 방언은 모든 신자를 위해서 주어진 기도하는 은사이기에(고전 14:5) 방언을 체험하는 사람이 많고, 그래서 이 은사를 체험한 사람은 다른 초자연적 은사에 대해 자연스럽게 마음의 문이 열리게 되는 것이다. 그래서 김우현 감독이 쓴 『하늘의 언어』에서 온누리교회 손기철 장로님이 한 말은 성경적 근거가 있다고 할 수 있다. "방언은 모든 (성령의) 은사의 기본입니다. 그것은 영이신 하나님의 나라로 들어가는 일종의 통로이지요"(『하늘의 언어』, 108).

방언 체험은 말씀을 사랑하게 한다

방언을 체험하면 성경의 세계와 현실 세계가 연결된다. 사람들은 성령을 체험하기 전에는 성경의 세계는 현실 세계가 아니라 비현실적인 고대의 비과학적 세계라고 흔히 느낀다. 그런데 초기 교인들이 체험한 방언을 체험하면 성경의 세계가 오늘의 세계로 쉽게 연결된다. 그래서 방언을 체험하면 하나님의 존재가 믿어지고, 선한 하나님의 존재감을 느낀다.

필자는 방언을 체험한 후 말씀을 믿게 되었다는 말을 정말 많은 사람에게 들었다. 유승대 목사(은평성결교회)는 방언 체험한 후 첫 증상으로 나타난 것 중의 하나는 성경 말씀이 믿어지고 성경을 읽고 싶은 열망이 생겨난 것이라고 한다. 미국에서 교회사 학자 겸 목회자로 활동하고 있는 김신호 박사는 대학생 시절 성경이 믿어지지 않았었는데 방언을 체험한 후 성경이 믿어지기 시작했다고 한다. 사실, 필자의 아내는 대학생 시절 교회에 다녔었지만, 성경의 세계와 현실의 세계가 항상 간극이 느껴졌었는데, 방언 체험을 한 후 비로소 성경의 세계가 실제 세계라는 것을 깨닫고 성경 말씀을 사랑하게 되었다.

방언 체험은 깊은 기도에 쉽게 들어가게 해 준다

방언 은사의 가장 큰 유익은 기도 영역에 있다. 방언을 체험한 사람은 신앙 인격이 아직 성숙하지 못한 상태일 수는 있지만, 기도를 이전보다 더 잘할 수 있게 된다. 방언을 하면 성령의 직접적인 인도로 기도함으로 이성만으로 기도할 때보다 길게 기도할 수 있고, 또 깊은 기도에 쉽게 도달할 수 있다. 방언으로 기도하는 사람은 1시간 기도를 어렵지 않게 할 수 있다.

10여 년 전에 전북 광주에 있는 기독교 장로회 소속 교회에서 부흥 집회를 인도한 적이 있는데, 그곳에서 수석 장로님이었던 분이 더 깊이 기도하고자 방언을 사모했다. 이 장로님은 교장 선생님이었다가 은퇴한 분으로, 시무 장로 은퇴 후에는 교회 일에 일체 관여하지 않고 기도로만 봉사하기로 결심했다. 그런데 아무리 기도를 해도 30분 이상 할 수가 없었다. 이 장로님이 교회에서 1시간 이상 기도하는 분이 어떤 분들인가 조사해 보니 대부분 방언하는 성도들이었다. 그래서 자신도 방언을 체험해서 기도 사역자가 되기를 소망했다. 부흥회 기간 중 방언 체험을 하고 싶은 분은 앞으로 나오라는 강사의 말에 제일 먼저 나와서 기도하다가 장로님은 드디어 방언을 체험했다. 후일담을 들어 보니 이 장로님은 방언을 체험한 후 1시간 이상 매일 교회를 위해 기도하는 사역을 하고 있다고 한다.

필자의 제자인 이성택 목사는 자신이 목회하는 교회에서 방언하는 사람을 조사해 본 결과 방언하는 사람의 가장 큰 특징은 기도에 있다는 것을 발견했다. 방언하는 사람은 하지 않는 사람보다 새벽 기도회와 금요 심야 기도회 등 기도회 참여율이 월등히 높았다는 것이다. 방언은 영으로 기도하는 은사인 것이다. 교회에서 봉사도 잘하고 말씀 공부에도 잘 참여하지만 기도를 잘 못하는 성도들이 있다. 그런 사람들은 대개 속으로만 기도하고 발성 기도를 하지 않는다. 그런데 방언하는 사람들은 발성으로 기도하면서 어느 때나, 어느 곳에서나 쉽게 기도에 몰입할 수 있게 된다.

방언 기도하면서 각종 신앙 감정을 느낀다

방언 기도에 깊이 들어가지 못한 사람은 방언 기도가 지루하다고 느낀다. 그런데 방언으로 깊이 기도하는 사람은 그 시간이 매우 즐겁다. 방언이 모국어가 아니라서 방언하는 사람 자신은 그 기도의 내용은 알지 못하지만, 방언으로 기도하면서 회개, 감사, 고백, 축복의 감정을 느낀다(고전 14:14-15). 자신의 모국어로 기도할 때보다 방언으로 기도할 때 이러한 감정이 더 풍부한 경우가 많다. 성령이 직접 인도해서 방언할 때 방언하는 사람의 마음이 쉽게 하나님의 손에 터치되어 감정 부분에서의 치료가 일어나는 것이다.

방언 기도의 간접적인 유익

위에서 말한 방언 기도의 직접적인 유익 외에도 방언은 간접적인 유익도 많이 있다. 방언을 처음 체험할 때 구원에 대한 확신도 체험하는 경우가 많다. 또 방언은 성령이 육체에 임하는 역사를 체험하는 것이기에, 방언 기도를 깊이 하면 영적인 세계에 대한 이해가 깊어지고, 영적인 것에 대한 민감도도 증가한다. 방언 기도를 깊이 하면 할수록 방언의 유익을 깊이 체험하게 된다.

· 제3부 ·

방언, 체험하고 싶다!

제6장

방언 체험의 원리

지금까지 우리는 방언에 대한 오해와 올바른 이해, 그리고 방언에 깊은 신학이 배어 있음을 보았다. 이번 장과 다음 장에 걸쳐서 필자는 각각 방언 체험의 원리와 실제를 말하려고 한다.

1. 방언은 터지는 것이다

방언은 하나님이 특별히 허락한 사람만 할 수 있는 것인가? 필자는 고린도전서 14:5에서 바울이 말한 바와 같이 하나님은 모든 사람이 방언으로 기도하기를 원하신다고 믿는다. 그렇다면 방언은 모든 신자에게 이미 주어진 것은 아닐까? 여기에서 필자는 방언 사역을 하는 사람들에게서 회자(膾炙)되는 질문에 대해서 필자 나름의 답을 제시하려고 한다. 그 질문은 방언은 받는 것인가 아니면 터지는 것인가 하는 것이다.

방언 체험을 설명하는 두 가지 용어

한국 교회에서 방언 체험에 대해서 자주 쓰는 용어 중에 '방언이 터졌다'라는 것이 있다. 또 '방언을 받았다'라는 말도 있다. 우선, 전자는 방언 체험할 때의 육체의 현상에 대해서 말하는 것이라면, 후자는 방언 체험을 객관적으로 기술하는 것이다. 그런데 사실 여기서 또 한 가지 유념해야 할 사항이 있다. '방언을 받았다는 말이 전제하는 것은 방언은 외부에 있었던 것인데 어떤 개인에게 어떤 시점에 주어졌고, 그 개인이 그때 그것을 체험했다는 것이다. 반면, '방언이 터졌다'는 말은 방언하는 능력이 이미 그 사람 내부에 존재하고 있었는데, 어느 시점에서 밖으로 표출되어 나왔다는 말이다.

좀 더 나가보면, '방언을 받는다'는 말은 어떤 사람에게 방언이 은사로 주어져 그것을 체험하는 것이기에 신자는 방언을 받도록 애써야 한다. 반면, 방언이 터지는 것이라면, 성령을 받을 때 패키지로 그 사람 안에 그 능력을 하나님이 주신 것이기에, 이때 방언을 체험하기 위해서 신자가 해야 할 일은 그것이 자연스럽게 풀어지도록 하는 것이다. 그래서 이런 일을 방언 사역을 하는 사람들은 흔히 '방언을 터트린다'라고 말한다. 이렇게 되면 방언이 성령으로부터 주어진 것인데, 인간 사역자가 마음대로 그 능력을 좌지우지하는 것이 아닌가 생각할 수 있다. 하지만 방언 사역자는 그 누구도 사람이 방언하는 능력을 누구에게 임파테이션 할 수 있다고 믿지 않는다. 다만, 주어진 것을 사용할 수 있도록 실제로 돕는 사역을 할 수 있다.

그래서 필자는 여기에서 방언을 받는 것이라는 입장과 방언이 터지는 것이라는 입장을 각각 소개하고, 어떤 것이 성경적으로 더 부합한 설명인가를 밝혀보려 한다. 이 문제는 필자 자신도 방언을 연구하고 방언 사역을 하면서 지난 20년간 고민했던 것이고, 최근에 이르러서야 나름의 해답을 얻었다. 결론적으로 말하면, 필자의 입장은 방언은 받는 것이 아니라 터지는 것이라는 것이다.

방언은 받는 것이라는 견해

이 견해는 은사의 수여자는 삼위일체 하나님이고, 더 구체적으로는 성령이시기에(고전 12:4-6), 은사 중의 하나인 방언도 하나님의 편에서 주는 것이라면 인간 편에서는 받는 것이라고 보는 것이다. 일견 이 견해가 옳다는 것은 너무도 자명해 보인다. 인간이 방언을 만들어 낼 수 없다면, 방언이 받는 것이라고 해야지 무슨 다른 설명이 필요한가 하는 것이다.

이 견해를 옹호하는 것으로 흔히 여겨지는 것을 다음과 같이 대별해 볼 수 있다. 첫째, 고린도전서 12:7 원문에 보면 바울은 "성령의 나타남"이 주어지는 것이라고 말한다. 개역개정 번역에는 '주다'라는 동사를 '나타내심에 포함시켰지만'(=나타남 + 주심), 원문에는 "성령의 나타남이 주어진다"고 표현되어 있다. 여기서 동사 '주다'는 신적 수동태로 쓰인 것이기에 그 작인은 하나님임이 분명하다. 하나님의 입장에서 주신 것이라면 인간의 입장에서 보면 받는 것이라고 할 수 있다는 것이다.

둘째, 바울은 고린도전서 12:11에서 모든 성령의 은사를 성령이 나누어준다고 말한다. 여기서 나누어 준다는 말은 '적절히 배분해 준다'는 말이다. 그렇다면 '성령이 배분해 주는 것을 사람이 받는다고 하는 것이 적절하지 않는가'라고 말할 수 있는 것이다.

셋째, 방언이 하나님의 주권으로 주어져 각 개인이 받는다는 것은 교회 안에서 실제로 이루어지는 일을 통해서도 확인된다고 주장하는 것이다. 방언이 하나님이 주권적으로 주는 것이기에 기독교 역사상 아우구스티누스와 칼뱅 같은 이들도 방언을 하지 못했으며, 현대 교회에서도 빌 브라이트나 한경직 목사나 옥한흠 목사 같은 분들도 방언을 못했다는 것이다. 이렇게 훌륭한 신자들이 방언을 못한 것은 그들의 신앙심이 부족해서가 아니라, 방언이 하나님이 주권적으로 은사로 주는 성격의 것이기 때문이라는 것이다.

넷째, 그렇다면 하나님은 무슨 목적을 위해서 방언을 교회에서 특정 교우들에게만 주는가? 방언은 영으로 기도하는 은사이기에 (고전 14:14-15), 이러한 기도를 통해 교회가 세워지기 위해 영적으로 깊이 기도하도록 소수의 사람에게만 방언의 은사가 주어진다는 것이다. 그래서 이 견해를 취하면 방언 기도를 하기 위해 하나님께 간구할 필요도 없다. 다만, 하나님이 어떤 사람에게 방언하는 은사를 주시면 그것을 적극적으로 활용하여 교회에 덕을 세우면 된다.

방언은 터지는 것이라는 견해

한국 교회에서 방언에 대해서 관용적으로 말하는 '방언이 터진다'라는 말은 과연 성경적 근거를 갖고 있는가? 방언은 성령을 받은 사람에게 패키지로 주어진 것은 아닌가? 지금까지 수많은 사람이 이런 질문을 했고 그것이 맞다고 보았지만, 그 누구도 이것을 성경적으로 잘 설명해 내지는 못했다. 한국 교회에서 아무 뜻 없이 이 말을 쓴 것이라고 볼 수도 있지만, 이 말을 깊이 상고해 보면 이 말은 성경적 진리를 담고 있다.

우선, 우리가 고린도전서 14장을 읽어 보면 은사를 받도록 노력하라는 말보다는 주어진 은사를 잘 활용하라는 내용이 기조를 이루고 있다. 특히 방언에 대해서는 특정 사람이 받는 것이라기보다는 이미 주어진 것을 어떻게 활용해야 하는 것에 초점을 맞추고 있다는 것을 알 수 있다. 고린도전서 14:23에서 바울은 "온 교회가 함께[한 자리에] 모여 다 방언으로 말"하는 것을 상정하고 있다. 이것이 가정이기는 하지만 불가능한 가정이 아니라 그렇게 했을 때 나타날 문제점에 대해서 바울이 말하는 것이기에 이것은 실제 일어날 수 있는 것임을 알 수 있다. 그래서 바울은 "나는 너희가 다 방언 말하기를 원하나"(고전 14:5)라고 말할 수 있었던 것이다.

이에 더해서 필자는 다음과 같은 근거로 바울이 방언을 예수 믿은 다음에 어떤 후천적 노력을 통해서 받는 것이라기보다는 성령을 받았을 때 패키지로 따라와 그것을 활용하는 것으로 보았다고 믿는다. 첫째, 성령을 받은 사람은 예수를 인정하는 말을 하는 것이 자명한 것같이(고전 12:3), 성령 받은 사람이 성령 안에서 기도하는 것도 자연스러운 일이다. 바울은 방언을 성령 받는 사람이 성령의 인도함을 받아 성령 안에서 기도하는 것이라고 보았는데(고전 14:14-15), 이러한 기도의 능력은 신자 가운데 특정한 사람에게만 필요한 것도 아니요 따로 이러한 능력을 받을 필요가 있는 것도 아니다. 성령을 받으면 성령 안에서 행할 수 있고, 성령의 인도함을 받을 수 있는 것이 맞는 것이라면, 성령으로 기도할 수 있는 것도 자연스럽게 할 수 있는 것이다. 바울이 말하는 은사 분배(고전 12:11)는 은사를 개인에게 분양하는 것이 아니라, 예배 시간에 은사가 나타나는 것에 대한 분배와 질서에 관한 것이다(고전 14:25 이하).

둘째, 바울이 은사가 주어지는 것 혹은 배분되는 것은 성령의 일이라고 본 것(고전 12:7, 11)은 교회 안에서 은사를 활용할 때 성령이 주권적으로 역사한다는 뜻이지, 은사의 능력을 발휘할 수 있는 능력을 각 사람에게 배분한다는 뜻이 아니다. 특히 고린도전서 12-14장의 문맥에서 보면 이 은사의 배분은 예배 가운데 성령의 나타남에 대한 배분이지, 각 사람이 그 은사에 따른 능력을 갖는 것을 의미하지 않는다. 즉 방언이 성령의 은사로 성령의 주권에 따라(고전 12:11) 주어지는 것은 교회 공동체를 위한 예배 가운데 섬김을 위한 것이지(고전 14:25이하), 개인 기도에 대한 것은 아니다. 개인이 성령의 인도로 기도할 수 있는 것은 성령을 받을 때 기본적으로 주어지는 신자의 특권이다. 방언의 목적이 자기 신앙의 건축(고전 14:4)이라면, 이것은 교회를 위해서 필요하다기보다는 각 개인이 필요한 것이다. 그렇다면 개인에게 그 도구가 주어졌다고 보아야 한다.

셋째, 로마서 8:26에 나오는 "말할 수 없는 탄식"이 방언을 말하는 것이라면(필자는 그렇다고 믿는다), 더더구나 방언은 모든 믿는 신자에게 이미 주어진 것이다. 성령은 모든 신자의 연약함, 즉 어느 시점에서 마땅히 기도할 바를 알지 못하는 것에 대해 돕는데, 그것은 그가 "말할 수 없는 탄식"으로 신자를 위해서 간구함으로 그렇게 한다는 것이다. 바울은 말세를 맞아 피조물과 신자가 탄식하는데(롬 8:22-23), 여기에 성령이 공감하고 탄식한다는 의미에서 이 말을 하고 있다. 이러한 성령의 탄식은 모든 신자를 위한 것이지, 특정 신자를 위한 것이 아니다. 또 이러한 성령의 탄식이 표출되어 나오는 것이 방언이라고 볼 수 있다. 그렇다면 방언은 모든 신자가 성령의 탄식으로 기도할 수 있도록 주어진 것이다.

위와 같기에 바울은 방언을 체험하기 위해 어떤 특별한 노력을 하라고 말하지 않는다. 사도행전에서도 누가는 방언을 체험하기 위한 어떤 노력을 하라고 하지 않는다. 다만, 성령을 체험하기 위해 기도와 회개와 고대를 하라고 하는데(행 1:4, 14; 2:38), 그 이유는 그 성령 체험 안에 방언에 패키지로 들어 있기 때문이다. 그렇다면 우리는 이런 결론에 이르게 된다. 방언은 성령 받은 모든 신자에게 주어진 것인데, 그것이 몸 밖으로 나와 체험되는 경우가 있고 아직 그 체험을 못한 경우가 있는 것이다. 그것을 몸으로 체험하는 것을 우리는 '방언이 터진다'라고 말할 수 있다.

방언이 터지는 원리

지금까지 필자가 이해한 방언을 정리하면 다음과 같다. 방언은 예수를 믿을 때, 즉 성령받을 때 그 능력이 자동적으로 주어진 것이다. 이성으로 기도할 수 있는 특권이 모든 신자에게 주어진 것처럼(요일 5:14), 성령으로 기도하는 특권도 모든 신자에게 주어진 것이다(고전 14:14-15). 바울에게 있어서 방언 기도는 성령 안에서(엡

6:18), 성령의 인도로, 성령의 도움으로(롬 8:26) 기도하는 것이다. 이것은 모든 신자에게 주어진 것이다.

그렇다면 그러한 능력이 어떻게 나타나는가? 방언은 어떤 원리로 터지는가? 첫째, 방언이 성령받는 사람 모두에게 주어진 특권이라는 것을 믿자. 말씀의 원리를 이해하고 받아들일 때 말씀이 그대로 성취된다. 둘째, 방언은 소리 내어 기도하는 것이기에 방언이 터지려면 적극적으로 발성 기도를 해야 한다. 그동안 사역 경험을 통해서 볼 때 방언이 터지지 않는 많은 사람은 묵상 기도자 혹은 비발성 기도자였다. 서양 신자에게보다 한국 신자에게 방언이 더 많이 터지는 이유 중 하나는 우리는 통성 기도가 일상화되었기 때문이다. 셋째, 우리 말을 그쳐야 방언이 풀려나온다. 어떤 방언 사역자가 말했듯이, 어떤 사람도 한꺼번에 두 가지 언어를 말할 수 없다. 방언 기도를 할 때는 이성의 기도를 그치고, 입술을 성령께 맡기자. 펌프에서 지하수를 얻으려면 마중물을 부어야 하듯이, 찬양과 기도할 때 입술을 하나님께 맡기면 성령이 말하게 하심을 따라 말할 수 있게 된다(행 2:4).

신약성서 핵심 저자인 바울과 누가와 요한은 각각 성령을 받으라는 메시지를 포함시킨다(갈 3:2; 행 10:47; 요 20:22). 하지만 이들 중 그 누구도 방언 기도의 은사를 받으라는 메시지를 발하지 않는다. 방언을 비롯한 성령의 은사는 성령을 받은 공동체인 교회에 주어진 것으로, 성령이 원하는 때에 나타남으로 주어지는 것이다(고전 12:7). 은사는 예수를 믿고 성령 받은 자에게 패키지로 자동적으로 주어지는 것이다. 해외 패키지여행을 할 때 계약서대로 돈만 내면, 비행기표, 호텔, 식사, 이동 등의 서비스가 다 포함되는 것과 마찬가지다. 계약서대로 돈만 지불하면 나머지는 저절로 따라오는 것이다. 우리도 예수를 믿어 성령을 받으면 성령의 은사는 저절로 주어지는 것이다. 다만, 그것이 현실로 나타나는가 하는 문제는 별개의 문제다. 그것이 현실로 육체에 나타나는 것을 우리는 터진다고 말하는 것이다. 특히 발성으로 나타나기에 우리 한국 교회에서는 "방언이 터진다"고 말해 왔는데, 이것은 성경에 기록한 진리를 잘 표현한 것이다.

2. 방언에 대한 태도와 방언 체험

방언이 성령 받을 때 모든 신자에게 패키지로 주어진 것이라면 왜 어떤 사람은 방언을 하고 어떤 사람은 방언을 못하는가? 답은 자명하다. 어떤 사람에게는 아직 그 방언이 터지지 않은 것이고 어떤 사람에게는 터진 것이다. 방언이 터지는 원리에 대해서는 다음 장에서 구체적으로 설명할 것이다. 여기서 필자가 말하고 싶은 것은 방언이 터지는 것을 방해하는 요소 중의 하나가 방언에 대한 우리의 태도와 관련이 있다는 것이다.

한국 기독교인이 방언을 많이 체험하는 이유는?

사람들은 현재 교회에서 체험하는 방언에 대해서 여러 가지 의문을 가지고 있다. 그중의 하나는 다른 나라 교회에 비해 유독 우리나라 교회에서 방언의 은사가 많이 나타나는 이유가 무엇인가 하는 것이다. 유럽 교회에서는 방언 은사를 체험한 사람이 드물다는 것이다. 또 한국 교회에서도 어떤 교회에는 대다수의 성도가 방언을 체험하는 데 반해 다른 나라 교회에서는 극소수가 방언을 체험하는가 하는 것이다. 혹시 한국 교회에서 방언이 많이 나타나는 것은 신앙적인 측면보다 한국의 샤머니즘적 신앙과 어떤 연관이 있지 않겠느냐는 것이다.

필자도 이 문제를 곰곰이 생각해 보았다. 그러면서 나름대로 해답을 얻었다. 우선, 바울에 따르면 방언의 은사는 하나님의 주권(고전 12:11)과 신자의 사모함(고전 12:31; 14:1)으로 체험한다는 것을 상기해야 하겠다. 은사는 하나님이 주권적으로 나타나게 하기 때문에 사람이 은사 체험을 좌지우지할 수 없다. 하지만 그 은사를 체험하는 것이 그 은사에 대한 신자의 태도와 무관한 것은 아니다. 신자가 방언의 은사를 체험하려면 열심히 사모하라고 바울은 권한다(고전 14:1). 이렇게 은사 체험을 하나님께 구하는 것은 하나님의 주권을 침해하는 것이 아니다. 전도를 하는 것이 하나님이 사람을 구원하시고자 하시는 주권을 침해하는 것이 아닌 것과 마찬가지다.

다음으로, 이것은 말씀이 실제화되는 주요 원리 중 하나와 관련이 있다. 하나님의 말씀이 실현되는 것은 말씀의 뜻을 올바로 깨닫고 순종할 때다. 종교개혁 당시 마틴 루터가 바울이 말하는 이신득의(以信得義)를 깨닫고 외쳤을 때 그 역사가 나타난 것이다. 요한 웨슬레가 성경이 말하는 성화의 원리를 깨닫고 선포했을 때 역시 그 역사가 이루어졌다. 마찬가지로 초대 교회를 제외하고는 많이 연구되지도 않았고, 활성화되지도 않았던 방언에 대해서 말씀을 연구하고 깨닫고 선포할 때 역시 방언을 체험하는 역사가 많이 일어나는 것이다. 그러므로 유럽 교회에 방언 현상이 적게 나타난 것은 유럽 교회는 전통적으로 방언에 대해서 부정적인 생각을 가지고 있었고, 그래서 긍정적인 의미로 이것을 연구하지도 가르치지도 않았기 때문인 것이다.

필자는 지금까지 인도한 방언 세미나 혹은 집회를 통해서도 이 진리를 누누이 경험했다. 이 집회들에서 필자는 대략 1시간 정도 방언에 대해서 성경 구절을 들어 그 의미와 필요성을 설명한다. 그러면 이전에 방언에 대해서 성경적으로 잘 알지 못했던 것을 알게 되고, 잘못 이해하고 있었던 것이 교정된다. 그리고 나서 방언을 체험하고 싶은 사람은 강단 앞으로 나오라고 한다. 이어서 같이 기도하면 많은 경우에 그 자리에서 방언을 체험한다. 조사를 해 보면 자기 자리에서 그냥 앉아 있는 사람들보다 앞으로 나오는 사람들이 훨씬 더 많이 방언을 체험한다.

어떤 이는 앞으로 나오라고 하는 것 자체가 인위적인 것이 아니냐고 반문하기도 한다. 하나님이 주권적으로 방언의 은사를 주시는데 어떻게 자리가 그 은사 체험과 관련이 있느냐는 것이다. 일반적으로 말해 학교에서도, 교회에서도 앞자리에 앉은 사람이 공부도 잘하고 은혜도 더 많이 체험한다. 은사도 마찬가지다. 앞자리에 앉아 하나님의 은혜를 사모하고, 성령의 은사를 사모하는 가운데 말씀에 동의하고 사모한다는 것을 다른 사람 앞에서 공식적으로 표현한다는 의미로 앞으로 나와 같이 기도하면 대부분 방언을 체험하는 것을 본다.

그래서 필자는 이 문제를 이렇게 본다. 한국 크리스천들은 방언에 관련해서 말하면 앞자리에 앉았다가, 앞으로 나오는 사람들이다. 반면, 방언에 대해서 오랫동안 부정적으로 생각해 왔거나 소극적으로만 인정할 뿐 실제로 잘 인정하지 않는 유럽의 주요 교회들은 뒷자리에 앉아서 구경하는 사람들인 경우가 더 많은 셈이다. 이것은 하나님의 주권이나, 우리 한국의 어떤 샤머니즘에 관련된 것이 아니라 사람의 방언에 대한 태도와 관련되어 있는 것이다. 이것은 방언 체험에만 국한된 원리는 아니다. 성경 어떤 말씀이라도 우리가 그것을 이해하고 받아들이고 순종하고 결단할 때 그것이 그 사람에게 적용되고 역사하는 말씀이 되는 것이다.

3. 방언을 사모하면 방언이 터진다

방언을 체험하는 방법은 여타 성령의 은사를 체험하는 방법과 크게 다르지 않다. 첫째, 모든 은사는 하나님의 주권하에 주어지는 것으로 성령의 뜻에 따라 각 사람에게 나타난다. "이 모든 일을 같은 한 성령이 행하사 그의 뜻대로 각 사람에게 나누어 주시는 것이니라." 그래서 방언의 은사도 은사 체험자의 태도나 의지와 상관없이 강권적으로 임하기도 한다.

    하지만 대부분의 은사는 은사 체험자의 태도와 밀접하게 연관되어 있다. 바울은 은사를 체험하려는 자들에게 은사를 사모하라고 가르친다. "너희는 더욱 큰 은사를 사모하라!"(고전 12:31) "신령한 것들을 사모하되"(고전 14:1). 여기서 "사모하라"는 동사 '젤로오'는 영어로 질투(jealousy)라는 단어의 어원이다. 질투하듯이 열정적으로 열망하라는 뜻이다. 방언의 은사를 비롯하여 모든 은사는 어떤 사람의 영적 성숙도에 따라 경험되는 것이 아니라 오히려 하나님의 주권과 신자의 열정에 의해서 체험된다. 방언 체험을 원하는 사람들은 열정적으로 방언을 사모하면 된다.

열정적으로 방언을 사모하려면 먼저 방언을 진정으로 인정해야 한다. 성령이 지금도 방언을 주시며 그 은사를 활용하면 신앙이 성장할 수 있다는 긍정적인 태도를 가지면 방언 체험에 도움이 된다. 가끔은 자신의 태도와 무관하게 방언을 체험하기도 하지만 대부분은 방언에 대해서 긍정적으로 생각하는 사람이 방언을 체험한다. 이론적이고 마음에서 일어나는 하나님의 역사만 중요시 여기고 몸에 일어나는 역사에 대해서 소홀히 여기는 사람은 방언의 은사 체험에 동참하기 어렵다.

실제적으로는 말하면, 방언의 은사를 설교하고 이를 위해서 기도하는 집회에 참여하여 방언하는 사람과 같이 기도하면 방언의 은사를 체험하기 쉽다. 혼자 기도하다가 방언을 체험하는 경우도 있지만 사도행전에 나오는 오순절 사건과 이후 사건 모두에서 방언의 은사는 성령의 은사를 갈구하는 가운데 신자들이 같이 모여서 기도할 때 많이 경험되었다. 방언에 대해서 보다 열린 생각을 가진 교회 지도자 밑에서 많은 사람이 방언을 체험하게 된다.

방법은 다양할 수 있지만 정말로 방언 체험하기를 간절히 사모하면 여러 가지 방법으로 체험할 수 있다. 방언에 대해서 아직도 거부감이 있고, 방언을 하는 사람들을 신뢰할 수 없는 지성인 신앙인들의 경우에는 고린도전서 12-14장을 있는 그대로 읽고 믿으면서 기도하기를 권한다. 또 방언에 대해서 긍정적으로 생각하지만 이런 분위기에 익숙하지 않은 신자가 있다면 겸손한 마음으로 방언을 하는 집회에 참가하여 방언하는 사람들과 같이 기도하기를 바란다. 이외 여러 방법이 있을 것이다. 하지만 사모하는 심령에 방언이 체험되는 원리는 변하지 않는다.

　방언을 하다 그친 사람들이 있는데 어떻게 다시 회복할 수 있을까? 이 경우는 회복하기 매우 쉽다. 필자가 아는 어떤 청년은 중고등학교 시절 교회 수련회에서 방언을 체험했는데 대학교 선교단체에서 방언을 부정적인 것으로 배운 후 방언이 그친 경우도 있고, 어떤 사람은 방언을 했지만 그 의미와 뜻과 중요성을 몰라 자연스럽게 방언으로 기도하지 않았고, 또 어떤 사람은 두려운 마음에 방언을 하지 않게 되었다. 다른 어떠한 경우라도 방언에 대해서 긍정적으로 생각하고 기도하면 다시 회복된다. 필자는 방언을 과거에 경험했다가 다시 사모하게 될 때 다시 방언을 하는 것을 부지기수로 보았다. 방언을 체험하는 것은 우리가 방언에 대해서 어떤 태도를 취하고 있느냐에 깊이 관련되어 있다.

4. 방언을 체험할 때의 감정 상태

방언 체험은 매우 강렬하게 오기도 하고 단순히 혀의 떨림으로만 다가오기도 한다. 어떤 체험으로 오든 방언을 체험한 사람은 계속해서 방언으로 기도해야 한다. 방언이 신자의 영혼의 집을 튼튼하게 한다는 바울의 말이 하나님의 말씀임을 믿는다면(고전 14:4), 느낌이 어떤 것이든 간에 이러한 계속적인 기도 행위가 영성 형성에 도움이 된다는 것을 믿고 그대로 따라야 한다. 그렇다면 우리가 방언 체험할 때 어떤 상태가 될까? 완전히 이성을 잃고 황홀경에 빠질까? 아니면 아무런 느낌도 없이 혀만 전에 가지 않았던 방향으로 움직일까? 아니면 강력한 하나님 임재의 체험을 하게 되는가?

방언은 이성을 잃고 황홀경에서 의미 없이 지껄이는 말인가? 혹은 몽유병이나 무당의 입신이나 혹은 정신병에 걸린 상태에서 말하는 것과 같은가? 일종의 정신병인 히스테리에서 기원한 것인가? 헬라 시대 신전에서 창녀의 역할을 했던 여사제들이 이상한 언어로 지껄이는 신탁과 같은가? 그동안 방언을 언어학적·심리학적·종교사적으로 연구했던 학자들 중에는 위의 질문들을 긍정으로 대답하는 사람들이 많았다. 하지만 우리는 방언을 하는 사람이 이성도 잃지 않으며, 자기의 의지도 잃지 않으면서 성령이 인도하는 가운데 기도하는 것을 알고 있다. 방언을 어떤 이상한 정신 상태에서 의미 없는 소리를 연속적으로 내뱉는 것이라고만 보는 것은 성경의 진리를 심리학으로 축소시키는 우를 범하는 일이다.

강렬한 느낌

방언을 체험한 사람들의 간증을 들어 보면 매우 강렬하게 방언을 체험한 사람들이 많다. 방언 체험과 함께 하나님 임재의 체험도 동시에 하는 것이다. 다음의 한 예를 보자.

> 즉시 갑작스러운 차원의 변화가 일어났다. 순결한 사랑의 영이 교회에 가득했으며 비와 같이 내 몸을 적셨다. 하나님은 저 위에만 계시는 분이 아니었다. 그분은 내 가까이 계시는데 나의

영이 나와 가까운 만큼 내게로 가까이 오셨다. 그분은 내 심장 속에서 박동하며, 내 피와 더불어 온 몸을 돌며, 나의 허파 속에서 숨을 쉬고, 내 뇌 속에서 나와 같이 생각하고 있다. 내 몸 속에 있는 모든 세포와 모든 신경의 끝부분까지 그분의 임재로 떨리고 있다. …하나님은 실재로 체험 가운데 오신 하나님이시다. 결코 개념이나 상징 속에 갇힌 분이 아니시다. 나는 이렇게 외치고 싶다. "하나님, 그동안 어디 가셨다 이제 오셨습니까?"(오성춘, 『성령과 목회』, 281에서 재인용)

방언을 체험한 사람들 가운데 강렬하게 하나님 임재의 경험을 하는 경우가 많다. 방언은 초자연적으로 성령이 어떤 사람의 혀를 움직이게 하기 때문에 이때 하늘의 것을 경험하는 것이다.

무(無) 느낌

방언 자체가 어떤 느낌을 항상 동반하지는 않는다. 하나님 임재의 체험이나 인격을 새롭게 하는 체험이 방언에 동반되는 경우가 많지만 방언 자체가 어떤 느낌과 동일시될 수는 없다. 어떤 사람은 별다른 느낌 없이 혀가 움직이는 체험을 한다. 마헤쉬 차브다(Mahesh Chavda)는 『방언 체험』이라는 책에서 "내가 방언을 하기 시작했을 때, 나를 초월한 어떤 것이 갑자기 등장해서 나를 휘어잡고 뒤흔들고 있다는 느낌은 없었다. 나는 내 의지대로 내 입을 열어 방언을 하기 시작했다. 방언의 말을 주시는 분은 성령이시다. 그러나 나는 내 의지대로 입을 열어 말했다"(96)라고 썼다.

우리 중에 방언을 체험하기 이전에 하나님의 임재를 깊이 체험한 사람은 방언을 하면서 별다른 느낌 없이 혀가 움직이는 경우가 많다. 이런 경우에 방언을 하지만 자신이 하는 것이 정말 방언이 맞는지 의심하게 된다. 필자가 인도한 집회에서 정말 많은 사람이 이런 경험을 하는 것을 보았다. 이미 성령을 체험했고, 헌신된 사람인데 이제야 방언이 터질 때, 별 느낌 없이 혀만 성령이 인도하는 대로 움직일 때 사람들은 그것이 방언인가 의심하게 된다. 맞다. 그것이 바로 방언이다. 방언은 강렬한 느낌과 함께 오기도 하지만 무 느낌으로 찾아오기도 한다.

시원함

방언을 하면서 하나님의 임재는 아닐지라도 마음이 깊이 터치되고 있다는 느낌을 받는 경우도 있다. 갑자기 감정이 격해지기도 하고 때로는 차분해지기도 하면서 자신의 영혼 속의 문제들을 성령이 끄집어내는 느낌을 받기도 한다. 그때 감사와 찬양을 하며, 기뻐하기도 한다. 어떤 이는 방언 기도의 느낌과 효과를 시골 다락방 청소할 때와 비슷하다고 한다. 다락방은 먼지와 여러 물품들로 인해 냄새가 늘 쿰쿰하게 나며 온통 어질러져 있는데 몇 년에 한 번 다락방을 청소하면 마음이 너무나 시원한 것과 마찬가지로 방언을 할 때의 효과와 느낌이 이와 비슷한 측면이 있다고 한다. 평상시 마음이 왠지 복잡하고 괴롭다가도 방언 기도를 하게 되면 시원한 마음이 된다는 것이다. 사실 방언 기도를 정기적으로 하는 사람은 대부분 이와 같은 체험을 한다.

5. 방언 체험, 그 이후

본서에서 필자는 방언의 유익성과 중요성에 방점을 두어 기술했다. 많은 학자들과 목회자들이 방언을 반대하는 데 따른 반응으로 그렇게 한 것이다. 하지만 필자는 방언이 영성의 전부라고 생각하지는 않는다. 방언이 성령이 주신 놀라운 은사인 것은 사실이지만, 방언이 무한한 가치가 있는 것은 아니다. 방언은 제한성이 있다. 필자는 질문을 통해 이에 대해서 설명을 하려고 한다.

방언 체험이 성결한 삶을 보장해 주는가?

우선, 방언을 체험한 신자는 그 방언 체험을 통해 거의 자동적으로 성결한 삶을 살게 되는가 하는 것이다. 이 물음에 대한 바울의 대답은 단순하다. 아니라는 것이다. 바울은 대부분이 방언을 체험한 고린도교회 신자들에게 한편으로 방언의 유익을 말하면서, 동시에 다른 한편으로 방언 체험이 자동적으로 사랑의 충만으로 이어지지 않는다고 말한다. 은사는 분명 성령이 주신 것이지만, 그 은사가 곧 그 사람을 사랑으로 충만하게 만들지는 않는다는 것이다. 그래서 바울은 고린도전서 13:1-3에서 방언, 예언, 믿음의 은사와 구제가 행해져도 그 사람에게 사랑이 없을 수 있다고 말한다. 또 바울은 신령한 것들은 사랑과 별개로 각각 추구되어야 하며(고전 14:1), 은사를 사모하되 그것이 사랑의 길을 따라 나가야 한다고 하여(고전 12:31) 은사와 사랑의 관계가 한 가지를 체험하면 다른 것이 자동으로 따라오는 것이 아님을 역설하고 있다. 사랑은 은사와 별도로, 성령의 열매로 주어지는 것이다.

그래서 우리가 바울의 권면을 따르자면, 은사와 사랑은 각각 추구되어야 하는 것이다. 은사의 수여자도 성령이고(고전 12:11), 사랑의 열매의 수여자도 성령이다(갈 5:22-23). 한 성령이지만, 그 역사는 두 가지라는 것이다. 누가가 "성령으로 충만하다"라는 문구를 사용할 때도 앞 장에서 보았듯이 성령으로 말미암아 은사와 같은 능력이 충만한 것에도 쓰고, 또 사랑과 같이 인격의 열매가 충만한 것에도 쓴다. 그렇다면, 어떤 사람이 방언을 한다고 해서 곧 인격의 열매인 사랑이 충만해지지는 않는 것이라고 할 수 있다. 인격의 열매는 성령의 열매를 맺는 것으로, 이것도 은사와는 별도로 추구되어야 하는 것이다(고전 14:1).

방언 체험이 이성(理性)의 활동을 대신해 줄 수 있는가?

방언은 그 자체가 하나님께 기도, 찬양, 감사하는 것으로 어떤 사람의 영성 활동 중 하나다. 이것을 통해 신자는 하나님과 더 깊은 교제 속으로 들어갈 수 있다. 그런데 그러한 영성 활동이 이성의 활동을 대체하게 되는가 하는 것이다. 그전에는 이성으로 따져 보고 생각해보던 것들이 방언을 체험하고 난 후에는 방언을 하는 그 행위 자체로 하나님의 뜻을 깨닫게 되고 다른 사람들에게 좋은 영향력을 미치게 되는가 하는 것이다.

아마도 고린도교인들 중에는 그렇게 된다고 생각하는 사람들이 있었던 것 같다. 그래서 바울은 여기서 이성을 강조하고 있다. 방언이 성령의 도움을 받아 우리 영으로 하나님께 기도하고 찬양하고 감사하는 것이지만, 바울은 이성으로도 기도하고 찬송하고 감사하리라고 말한다(고전 14:15-17). 왜냐하면, 영의 활동은 그 자체로 다른 사람의 이성에 아무런 설득을 할 수 없기 때문이다. 셀 수 없을 정도로 많은 양의 방언도 깨달은 이성으로 다른 지체에게 말하는 것을 대체할 수 없는 것이다(고전 14:19). 바울은 깨달은 이성으로 성경을 연구하고 설교하고 권면하는 일이 그 자체로 의미가 있고 귀중한 것이라고 말하고 있는 것이다.

은사를 체험한 사람 중에는 은사가 이성적인 활동까지 포함한 크리스천 삶의 모든 것을 대체한다고 생각하는 사람들이 없지 않다. 예컨대, 예언을 통해서 미래의 갈 길을 성령이 알려주시기 때문에, 역사적·문법적·신학적 성경 연구는 바리새인들과 같은 이들이 하는 것이라는 것이다. 하지만 바울은 성령의 은사를 다 인정하고, 그 자신이 어떤 사람보다도 방언을 더 많이 하고 있지만(고전 14:18), 그럼에도 불구하고 깨달은 이성으로 말하는 것이 공동체의 삶에서는 더 중요하다는 것을 인식했다(고전 14:19).

방언 체험한 사람이 영적 엘리트 의식에 빠질 수 있는가?

대부분의 신약성서 학자들은 고린도교인들이 방언을 함으로 영적 엘리트 의식에 빠졌었다고 말한다. 그래서 바울은 그것을 교정하기 위해 고린도전서 12:12-26에서 몸 비유를 사용했다고 말한다. 여기서 우월의식에서 "눈이 손더러 내가 너를 쓸 데가 없다 하거나 또한 머리가 발더러 내가 너를 쓸 데가 없다 하지 못하리라"(21절)라는 말이 나왔다고 한다. 즉, 여기서 눈과 머리는 영적 우월의식에 빠진 자들로서 문맥에서 보면 방언하는 자들이었다는 것이다.

필자도 위와 같이 볼 수 있다고 생각한다. 정황과 문맥으로 볼 때 그럴 개연성이 충분히 있다. 하지만 몸 비유는 바울이 로마서 12:3-8과 에베소서 4:11-12 등에서 교회와 연관하여 자주 사용한 것으로 바울은 여기서 고린도교회만을 염두에 두고 이 비유를 사용한 것 같지는 않다. 일반적인 교회의 모습을 여기서 말하고 있는 것이다. 또 여기에 제시된 손이나 머리는 영적인 위치일 수도 있지만, 사회적인 위치일 가능성이 더 높다. 은사를 체험한 자라 할지라도 그렇지 않은 이들을 "내가 너를 쓸 데가 없다"라고 말하기는 쉽지 않았을 것이다. 다만, 당시의 가부장제적 상황에서 사회적으로 높은 위치에 있던 사람들은 그렇지 않은 사람들에게 얼마든지 그렇게 할 수 있었고, 사실상 그렇게 했다. 한마디로, 필자는 이 몸 비유를 영적인 엘리트 의식에 대해서 말한 것일 수도 있다고 보면서도, 이것은 교회 일원이 된 사람들이 사회적 엘리트 의식을 가지고 있는 것에 대해서 말한다고 본다.

그렇다면, 지금은 어떠한가? 지금도 교회 안에는 사회적인 엘리트 의식을 가진 사람들이 있고, 영적인 우월의식을 가진 사람들도 있다. 특히 사회에서 열등하다고 느끼는 사람들 중에 영적인 체험을 한 경우, 영적 엘리트 의식에 빠지기 더 쉽다. 자신이 체험한 영적인 체험으로 이성적인 것과 상식적인 것을 무시하고, 자신의 영성으로 모든 것을 통합할 수 있다고 생각하는 사람들이 주위에 많이 있다. 이렇게 방언 체험이 이성을 무시하는 방향으로 나간다면 그것은 영적 엘리트 의식에 빠진 것이다.

방언 체험, 그 이후의 삶

방언 체험이 분명히 그 유용성에서 제한성이 있지만, 여전히 필자는 방언 체험의 유익성이 많다고 생각한다. 바울도 방언이 개인 영성 생활에 유용하기에 그 어떤 사람보다도 방언으로 더 많이 기도한다고 고백한다(고전 14:18). 이것은 방언을 체험한 후 오랫동안 방언으로 기도해 왔던 바울의 체험적 진술이다. 이것보다 더 방언 기도의 유익성에 대해서 반증해 주는 구절이 어디 있겠는가!

그래서 우리는 방언을 체험한 이후에 가장 중요한 권면 중의 하나는 바울처럼 계속해서 방언으로 기도하는 것이라고 말해야 할 것이다. 실제로 방언을 체험했지만 중간에 방언 기도를 그친 이도 있다. 하지만 바울의 권면에 따라 우리는 계속해서 방언으로 기도할 것을 조언한다. 어떤 이는 방언할 때 아무런 느낌이 없기 때문에 차라리 이성으로 열매를 맺는 우리 말 기도를 하겠다고 한다. 하지만 바울은 둘 다 하라고 말한다(고전 14:15-17). 방언의 뜻은 기본적으로 알 수 없는 것이지만, 방언을 하다 보면 성령의 탄식을 우리의 마음으로 느낄 수 있다. 성령이 말할 수 없는 탄식으로 우리의 탄식에 공감하는 것을(롬 8:26) 방언으로 기도하면서 느낄 수 있는 것이다. 이렇게 될 때 우리 마음의 상처도 치유되고, 하나님께 대한 신뢰가 더 강화될 수 있다.

또 방언으로 기도하면 대개 다른 은사에 대한 마음의 문이 더 쉽게 열려 다른 은사를 체험하는 경우가 많다. 바울도 방언을 체험한 사람은 통역의 은사를 구하라고 권면하고 있다(고전 14:13). 또 대다수가 방언을 체험한 고린도교인들에게 바울은 예언의 은사를 사모하라고 말하고 있다(고전 14:1). 그래서 방언은 다른 은사를 체험하는 일종의 관문과 같은 것이라고 할 수 있다. 물론, 다른 은사를 체험하기 위해 방언을 반드시 먼저 체험해야 하는 것은 아니다. 사실, 예언과 방언 통역, 지식의 말씀, 지혜의 말씀 등이 임했을 때, 그 사람들은 두려움으로 인해 선뜻 받아들이기 어려울 수 있다. 하지만 방언의 은사를 먼저 체험하면 성령의 역사에 대해서 마음이 더 열려 그러한 은사들이 마음에 임했을 때 보다 쉽게 자신을 하나님께 내어드릴 수 있는 것이다.

또 한 가지 간과하지 말아야 할 것은 방언을 체험했다고 해서 방언 기도만으로 영성을 유지하려고 하는 것은 금물이라는 것이다. 신자가 영성을 함양하는 데는 순간적인 체험(crisis experience)과 함께 점진적인 성장을 위한 여러 가지 프로그램이 같이 있어야 한다. 예컨대, 성경 공부와 공동체 훈련과 성도 간의 교제 등이다. 사람이 클 때도 이 두 가지 원리가 같이 작동한다. 예컨대, 아이들은 태어나서부터 청소년기에 이르는 동안 특정 기간에 크게 자란다. 그러나 나머지 시간 동안에도 육체적으로 점진적으로 자라고 정신적으로도 계속 자란다. 이 원리를 알지 못하면 방언으로 모든 영성의 문제를 해결하려는 우를 범할 수 있다.

제7장

방언 체험의 실제

——— A. 이렇게 하면 방언을 체험하지 못한다

앞 장에서 우리는 방언은 받는 것이 아니라 성령 받은 사람에게 패키지로 주어진 것이 어느 순간 그 사람에게서 터져 나오는 것이라고 했다. 그런데 현실적으로 많은 신자가 방언을 경험하지 못하고 있다. 왜 그런가?

1. 예수 믿지 않으면

방언은 성령의 은사이기에 성령받은 사람만 체험할 수 있다. 성령 받은 사람을 다른 말로 하면 예수 믿는 사람이다(갈 3:2-3). 구원은 불신자가 신자가 될 때 받는 것이고, 성령의 은사는 신자가 되어야 비로소 체험할 수 있다. 은사라는 헬라어 '카리스마타'를 파자하면 은혜('카리스')의 결과물('마')이다. 은사를 체험하려면 먼저 은혜를 받는 것, 즉 구원받아 신자가 되는 것이 전제되어 있다.

예수를 믿는다는 말을 다른 말로 하면 거듭나는 것이다(요 3:3, 5). 그래서 거듭나지 않으면 방언을 체험할 수 없다고 말할 수 있다. 어떤 사람이 거듭나면 여러 가지 특권이 생기는데, 하나님의 자녀라는 신분이 생기고(요 1:12) 예수 이름으로 기도하는 특권도 생긴다(요 14:13; 요일 5:14). 그 특권 중의 하나가 영으로 기도하는 것(엡 6:18), 곧 방언으로 기도하는 것이다.

그러면 방언은 언제 경험하게 되는가? 때로 거듭남과 동시에 방언을 체험하는 경우도 있다. 고넬료 집안 사람들은 예수를 믿고 성령을 받은 즉시 방언이 터졌다(행 10:44-48). 또 때로는 거듭난 이후 어느 정도 시간이 지난 후에 방언을 체험하는 경우도 있다. 에베소 교인들은 예수의 제자가 되고 거듭났지만, 바울이 성령에 대한 말씀을 하고 안수받을 때 방언을 체험했다(행 19:1-7). 그래서 지금도 예수를 믿을 때 방언을 받기도 하고, 예수 믿은 후 어느 정도 시간이 지난 후에 방언을 받기도 한다. 하지만 어떤 경우이든 예수 믿지 않은 사람에게 방언이 터질 수는 없다.

필자는 방언 연구 전문가였지만, 과거 실제 목회에서는 방언을 생각만큼 강조하지 않았었다. 그 이유는 초신자들이 방언하는 모습에 충격을 받아 교회를 떠날까 하는 두려움도 있었다. 그러다가 최근에 목회에서 방언 체험을 이전보다 더 강조했다. 그래서 그런지 그 이전보다 필자가 속한 교회에서 이전보다 더 많은 사람이 방언을 체험했다. 말씀이 선포되면 그것이 씨를 뿌려져, 마음 밭

이 준비된 사람들이 은혜를 받게 되는 것이 성경의 원리인데, 방언에 대한 말씀을 선포하자 방언 체험하는 역사가 일어났다.

그런데 이렇게 방언의 홍수 속에서도 방언을 체험하지 못하는 몇몇 사람들이 있었다. 그 이유는 다양한데, 그중의 한 그룹은 필자의 판단에는 예수를 안 믿는 '종교 생활'하는 교인들이었다. 이들 중에는 필자와 인간적으로 가까운 사람들도 있었는데 필자가 방언을 강조하자 몹시 난감해했다. 이들 중에는 기독교를 하나의 종교 철학으로 받아들여 성경이 말하는 약자 존중의 세계관은 받아들이는데, 성경이 말하는 영적인 것은 받아들이지 않았다. 그러니 통성 기도 시간에 전혀 기도가 되지 않았다. 그냥 멀뚱멀뚱 하면서 옆 사람을 쳐다볼 뿐이었다. 이런 사람은 아무리 애써도 방언을 체험할 수 없다. 방언을 체험하려면 먼저 크리스천이 되어야 한다.

2. 신령한 것에 대한 무지하거나 무관심하면

예수를 믿어도 성령의 은사에 대해서 무지하거나 혹은 무관심하면 방언이 터지지 않는다. 성경에서 은혜 체험의 원리로 제시된 것 중의 하나는 하나님의 말씀을 들을 때 그 은혜가 체험되는 것이다(행 10:44-48). 뒤집어 말하면, 방언에 관한 말씀이 선포되지 않거나, 그것에 대해서 무지하거나 무관심할 때 방언이 터지지 않는 것이라고 할 수 있다.

필자가 2014년 하버드대학 신학부에 방문 교수로 있을 때, 헬라어를 전문적으로 가르치는 화란 출신 교수와 대화할 기회가 있었는데, 장로교인이었던 그는 70 평생 어떤 사람이 육성으로 방언 기도하는 소리를 한 번도 들어 보지 못했다고 했다. 그래서 그는 신앙 생활하는 동안 방언에 대해서 한 번도 관심을 기울인 적이 없었고, 그래서 성경이 말하는 방언에 대해서도 전혀 알지 못했다. 이것이 바로 유럽 교회에서 방언이 드물게 터지는 중요한 이유다.

코로나 팬데믹 시절에 필자는 온라인으로 '신약성서의 성령론 세미나'라는 박사 과정 과목을 가르쳤었는데, 수강생 중의 한 분이 개그우먼 조혜련 씨였다. 이 과목은 신약성서 주요 저자(바울, 누가, 요한)의 성령론을 공부하고, 이어서 주요 성령론 주제인 성령 충만과 방언을 비롯한 성령의 은사 등을 다루는 것이었다. 조혜련 씨는 불신자였다가 성경 공부를 통해서 신자가 되어 열심히 예수를 믿는 사람이었다. 그는 말씀에 은혜를 받았기에 말씀으로 가족 전도도 했고, 연예인 가운데 신실한 신자로 잘 알려져 있었다.

그런데 그녀는 성령의 역사에 대해서는 잘 들어 보지 못했다가 이 과목에서 방언에 대해서 처음으로 진지하게 공부하게 되었다. 처음에는 성령의 은사에 대해서 여러 가지 의문이 있었다. 그런데 한 학기 동안 이 과목을 수강하면서 필자가 제시하는 성령론, 그 중에서도 성령의 은사론, 더 구체적으로는 방언론에 관심을 기울였고, 나중에는 필자가 주장하는 것에 동의하게 되었다.

그리고 수업을 마친 후 어느 날 그녀는 자신도 방언을 체험하고 싶은데 어떻게 하면 되겠느냐고 필자에게 조언을 구했다. 그래서 필자는 그 주간에 부평에 있는 한 지역 교회에서 금요 철야 시간에 방언 집회를 하기로 예정되었었기에 거기에 참석하라고 권했다. 그녀는 바쁜 일정 중에서도 매니저인 남편과 함께 그 집회에 참석했고, 결국 그날 이 부부에게 방언이 터졌다. 그녀가 방언을 체험한 중요한 계기는 성경적 방언에 대해서 말씀을 공부한 것이다. 공부하면서 그녀는 자신이 가지고 있던 많은 의문점들을 해결했고, 그러자 방언을 체험하고자 하는 마음이 생긴 것이다.

결국 방언 체험을 하지 못하게 하는 중요한 요인은 방언에 대한 성서가 말하는 진리에 대해서 무지 혹은 무관심한 것이다. 그것이 해소되면 방언을 체험할 수 있다. 지금도 설교자들이 방언에 대해서 성경이 말하는 말씀을 그대로 전하고, 같이 기도하면 교회에서 방언이 터지기 시작한다고 필자는 믿는다.

3. 방언을 부정적으로 보는 신학을 따르면

방언에 터지지 않는 또 하나의 중요한 경우는 방언에 대해서 부정적으로 말하는 신학의 영향을 받은 것이다. 이러한 한 경우는 목회자들이 신학교에서 이런 시각을 학습한 것이다. 또 선교 단체 중 이러한 신학을 따르는 성경 공부를 해서 자신도 모르게 이러한 신학을 갖게 된 경우다.

최근 필자는 안성에 있는 한 교회에서 철야 기도회를 인도했었는데, 그 교회의 A전도사는 아버지가 네비게이토 선교회에서 중요한 역할을 한 분이었고, 자신도 그 신학의 영향을 많이 받았었다. 그래서 이 전도사는 말씀을 중요하게 여겼다. 그런데 방언을 강조하는 필자의 설교를 처음에는 마뜩치 않게 여겼다가, 자신이 찬양 인도자로서 같이 기도하면서 마음의 문이 열려 방언을 체험했다. 이 경우는 방언에 대한 부정적인 시각이 변화되자 방언을 체험한 것이다.

필자의 제자 B전도사는 공학 박사로 현재 대학에서 화학을 가르치는 교수이기도 하다. 대기업에서 연구원으로 있으면서 40대 때 부인과 함께 신학을 공부하여 전도사가 되었다. 부인은 이른바 은사파 신자다. 뜨겁게 방언으로 기도하고, 신유 사역도 하고 그녀는 신령한 체험을 깊이 한 사람이다. 그런데 이 전도사도 부인과 같이 방언으로 기도하고 싶어 사모했지만 쉽사리 방언이 터지지 않았다. 그 자신은 그 이유를 잘 몰랐겠지만, 필자가 보기에는 그가 대학생 때 성령의 은사를 제한하는 선교 단체에서 활동한 것이 원인이었다. 그는 방언을 사모하는 마음과 동시에 방언에 대해서 마뜩치 않게 여기는 마음을 동시에 가지고 있었던 것이다.

그는 지적이고, 겸손한 사람이었다. 신앙 인격이 훌륭한데 오랫동안 방언을 사모했지만 방언이 터지지 않았다. 그런데 정의를 위해 싸웠지만 오해를 받아 사역에 어려움에 처하게 되었다. 방언에 대해서 일부 닫혔던 마음이 이때 열렸다. 이전에는 몸을 소극적으로 움직이면서 기도하다, 전신으로 간절하게 기도하게 되었고, 기도원에 가서 간절히 마음을 쏟아낼 때 드디어 방언이 터졌다.

필자의 사역 경험상 방언에 대해서 선입견이 없는 사람일수록 성경 말씀을 문자적으로 믿고 신뢰하고 그대로 하면 방언이 터지는 것이다. 그런데 방언을 부정하는 신학의 영향을 받은 신학자나 목회자에게 깊은 영향을 받은 신자들은 방언을 체험하기가 더 어렵다. 성경을 깊이 읽고 연구하는 가운데 방언에 대한 태도를 바꾸어야 한다. 방언에 대해서 부정적으로 평가하는 것은 일부 신학자들과 그들의 영향을 받은 목회자들이다. 상식적으로 방언에 대한 성경 구절을 읽을 때 부정적인 느낌은 그리 많지 않을 것이다. 우선 성경에 있는 방언을 체험한 다음, 방언을 평가해도 늦지 않을 것이다.

필자가 오랫동안 방언 사역을 하면서, 방언이 터지지 않는 유형으로 특정 목사님을 좋아하는 사람들이 있었다. 그 목사님은 한국 교회에서 존경받는 분이었다. 그런데 알아보니 그분은 방언에 대해서 마뜩하지 않게 생각하는 분이었고, 방언을 체험하지 못한 분이었다. 그래서 그런지, 그분을 존경하는 사람 중에 신앙 인격은 훌륭한데 방언이 잘 터지지 않는 것을 보았다. 영성에도 DNA가 있어서 성령의 초자연적 은사에 대해서 닫혀 있는 신학자나 목회자를 따라가다 보면 방언에 대해서도 그 사역자의 영향을 받기 쉽다.

4. 방언을 두려워하거나 께름칙하게 여기면

필자가 일하는 대학에서 신학과 학부를 졸업하고 신대원에 진학한 C라는 학생이 있었다. 이 친구는 개척 교회 목사님의 아들로 아주 성실한 신학생이었다. 학비를 조달하기 위해 방학 중에는 공사판에 가서 막노동을 하기도 했다. 이 모든 사정을 잘 아는 필자는 어느 날 이 친구에게 방언 기도를 하는지를 물어봤는데, 하지 못한다고 했다. 교수인 필자의 권면에 마지못해, 한 번 방언 체험을 하도록 방학 중에 힘써보겠다고 했다.

어느 학기 초에 신대원 영생 수련회가 있었는데, 강사가 방언 사역을 잘하는 사람이었다. 그래서 필자는 이 학생에게 말씀을 잘 듣고, 방언 체험하기 위해 앞에 앉아서 열심히 기도하라고 했다. 그런데 결국 그 친구는 그때 방언을 체험하지 못했다. 필자가 어디에 앉아서 말씀을 들었는가 물어보니 제일 뒤에 앉아 있었다고 했다. 왜 그랬는가 물어보니, 의외의 대답을 했다. "방언 체험할까 봐서요." 그 친구는 방언 체험을 자신의 신앙생활 문화에서 어색하고 두려운 것이었다. 하지만 그는 필자와 좋은 관계를 맺고 있어 필자의 말을 신뢰해서 이 문제를 깊이 생각해 보게 되었고, 그 두려움이 극복되어 결국 방언을 체험했다.

또 필자가 목회하던 교회에 엘리트 교수인 D집사가 있었다. 그 집사는 기도도 잘하고 교회 봉사도 잘하는 모범 신자였다. 어느 날 그 집을 방문했는데, 자신의 남편이 깊은 신앙을 가지기 위해 기도해 달라고 했다. 그래서 필자는 같이 방언으로 기도하기 위해 그 집사에게 방언으로 기도할 수 있느냐고 물었다. 그 집사는 하지 못한다고 했다. 그러면 우선 같이 방언을 체험하기 위해 기도하자고 하자, 그 집사에게서 방언이 곧바로 터져 나왔다. 그래서 필자가 그동안 왜 방언을 피해 왔냐고 묻자, 방언하는 것이 이른바 요조숙녀의 문화에는 좀 께름칙하고 맞지 않아서라고 대답했다. 하지만 그녀는 남편을 위해 기도하기 위해 그 문화의 옷을 던져 버렸고, 그러자 곧바로 방언이 터져 나왔다.

5. 소리 내어 기도하지 않으면

필자의 사역 경험으로 볼 때 방언이 터지지 않는 가장 많은 경우는 신자가 발성 기도를 안 하거나 못하는 것이다. 방언을 체험하지 못하는 많은 사람은 속으로만 기도하고 입을 벌려 발성 기도하지 않는다. 특히 고개를 푹 숙이고 몸을 적극적으로 움직이지 않고 묵도 수준으로 기도하는 경우에 방언이 터지는 경우는 드물다. 우리는 몸과 마음이 상호 밀접하게 연관되어 있다. 마음이 슬프면 몸도 아프고, 때로 몸을 즐겁게 하면 마음이 즐거워지기도 한다. 몸을 어떻게 움직이느냐를 보고 그 사람의 마음이 어디로 움직이는지 짐작해 볼 수 있다. 방언이 성령이 입술을 직접 주장하는 은사라면 최소한 우리의 입술을 열어 성령께서 사용하시도록 드려야 할 것이다.

2014년 미국에서 안식년을 보낼 때 미국 추수감사절 기간 중 노스캐롤라이나에 있는 선배 집을 방문한 적이 있다. 파티가 있은 후 몇 분이 방언을 체험하고 싶다고 했다. 사실, 그 선배가 필자가 이 분야에 관심이 많다는 것을 알고 주위에 있는 방언에 관심이 있는 지인들을 불러 모은 것이었다. 간단한 필자의 설교를 듣고, 정 집사님은 필자의 말에 다 동의한다고 했다. 그런데 자신은 늘 속으로만 기도하지, 목소리를 내서 기도하지는 못한다고 했다. 그래서 필자가 발성 기도를 하라고 권하자 순종했고 곧바로 그 집사님에게서 방언이 터져나왔다.

그 이후에도 방언 사역을 하면서 방언을 체험하지 못하는 가장 많은 경우가 바로 이것임을 목도하고 있다. 한국 교인들이 다른 나라 신자들보다 방언이 쉽게 터지는 이유 중 하나는 바로 이것이다. 우리는 통성 기도를 한다. 목소리 높여 부르짖으며 기도할 때 방언이 터진다. 서양 크리스천들은 생각으로 혹은 속으로만 기도하기에 입술에 임하는 성령의 역사인 방언이 잘 터지지 않는 것이다.

6. 상급으로 방언을 체험하려고 하면

방언은 상급이 아니라 은사다. 성령을 받으면 모든 신자가 사용할 수 있도록 하나님이 선물로 주시는 것이다. 그런데 신자 중에는 간혹 무슨 공적을 쌓아야 방언을 체험하는 것이 아닌가 생각하는 사람들이 있다. 그래서 방언을 체험하려고 삼일 금식 기도를 하는 경우도 있다. 실제로, 지금은 유명한 목사님인 E목사는 신학생 때 방언 기도를 하는 어머니가 권해서 기도원에 가서 삼일 금식하면서 방언 은사를 구했는데 체험하지 못했다. 아무런 결과 없이 돌아가는 것이 두려웠던 그는 당시 신학교 1학년 때 헬라어를 배우고 있었는데, 헬라어로 주기도문을 외우고 집에 돌아왔다고 한다. 금식 기도는 회개하기 위해서 하는 것이다. 방언을 체험하는 것은 우리의 공적과 아무런 관련이 없다. 성령을 받은 사람은 누구나 방언을 할 수 있는 것이다. 방언은 무슨 공로를 세워야 받을 수 있는 것이 아니라, 거져 주어지는 은사다.

7. 방언 은사의 필요성을 못 느끼면

어떤 사람은 이성으로만 기도하는데도 참된 만족감을 느끼고 행복하기 때문에 그 이상의 어떤 갈망과 갈구가 없는 경우도 있다. 이성으로 기도하면서도 하나님과의 깊은 교제 가운데 쉽게 들어가고 기도의 응답을 받고 마음속에 행복이 넘쳐나는 것이다. 바울은 방언 기도를 인정하면서도 이성으로 기도하는 것이 무가치하다고 말하지 않았다. 바울은 이성으로도 기도하고 방언으로도 기도하겠다고 말한다(고전 14:15). 이성으로만 기도하는 사람들은 바울의 말에 귀를 기울일 필요가 있다. 아무리 이성으로 깊이 기도해도 성령의 직접적인 역사로 기도하는 방언 기도가 의미 있다는 것을 깨달아야 한다.

필자의 지인 G는 성숙한 신자다. 인격도 훌륭하고 개인 기도도 오래 깊이 한다. 그런데 방언으로 기도하지 못했었다. 방언으로 기도하지 않아도 오래 그리고 깊이 기도할 수 있었기 때문이다. 언젠가 방언이 터져 나왔는데, 필요하지 않다고 생각하여 입을 닫았다. 이렇게 방언이 터지지 않는 사람 중에는 이성으로도 잘 기도하는 사람이 있다. 하지만 바울은 이성으로도 기도하고, 방언으로도 기도하라고 말한다(고전 14:14-15). 이분은 이러한 말씀을 듣고, 후에 말씀을 받아들여 방언이 입술에 터질 때 순종하여 방언을 체험했다.

적용과 실천

방언을 사모하는데도 방언을 체험하지 못하는 경우를 정리하면 다음과 같다. 이것에 관해서는 몇 가지 질문을 스스로 해야 한다. 첫째, 방언을 사모하지만 방언을 하면 점잖지 못할 것 같다는 등의 문화적인 두려움을 포함하여 혹시 마귀가 주는 방언이 아닐까 하는 영적인 두려움은 없는가? 둘째, 사모한다고 하면서도 몸과 입을 전혀 맡기지 않고 주로 묵상 기도 아니면 소극적으로 기도하지는 않는가? 셋째, 현재는 방언을 사모하지만 이전에 방언 중지론 혹은 방언 소극 인정론의 입장에 있던 목회자에게서 신앙의 큰 영향을 받지는 않았는가? 사실 방언 자체는 사모하지만 신앙의 틀 자체가 성령의 초자연적 역사에 대해서 부정적이면 그 틀 자체를 바꾸지 않으면 방언을 체험하기 어려운 경우가 있다. 넷째, 기도할 때 방언 자체에만 집중해서 생각하는 경우가 있는데 그것도 올바로 방언을 사모하는 방법이 아니다. 방언을 통해서 하나님과 더 깊은 교제에 단계에 들어가기를 사모하면서 하나님께 방언으로 기도할 수 있기를 요청하는 것이 방언을 사모하는 올바른 방법이다.

B. 이렇게 하면 방언이 터진다

방언을 체험하는 방법은 방언을 체험하지 못하는 방법을 뒤집으면 된다. 필자가 앞에서 이렇게 하면 방언 체험하지 못한다는 것을 굳이 말한 것은 그것을 뒤집으면 방언을 체험하는 원리가 되기 때문이다. 그래서 여기에서는 위 원리를 뒤집은 것들과 아울러 몇 가지 실제적인 것을 제시하려고 한다.

1. 예수 믿으면

　방언이 터지는 필요충분 조건은 예수 믿는 것이다. 방언은 신앙이 어느 정도 성숙해야 경험할 수 있는 것이 아니다. 은사는 선물로 주어지는 것이기 때문에 그 이전에 그 사람이 어떤 공적을 쌓았는가 하는 문제와는 무관하다. 심지어는 방언의 은사를 받을 때 완전히 하나님께 헌신의 결단을 해야 되는 것도 아니다. 그러므로 방언을 받기 위해 어떤 영성 훈련을 할 필요는 없다.
　실제로 신앙이 덜 성숙한 사람, 마음에 상처가 있는 사람, 심지어는 정직하지 않은 사람 등 우리 생각에는 성령을 못 받을 것 같은 사람들이 방언을 체험하는 경우를 많이 본다. 방언을 받을 수 있는 최소한의 조건은 예수를 믿는 것이지 예수를 잘 믿는 것이 아니다. 예수를 잘 믿으면 방언을 체험하는 것이 아니라, 방언을 체험하면 예수를 잘 믿는 데 도움이 되는 것이다.
　극단적으로 말해서 이런 질문을 할 수 있다. "술 취한 상태에서도 방언을 체험할 수 있나?" 우선, 이론적으로 불가능하지 않다. 술 취한 상태에서 기도하는 것은, 용서할 수 없는 마음으로 기도하는 것과 크게 다르지 않다. 처음에는 용서하지 못하는 마음에서 출발했더라도 기도하면서 회개하면 은혜를 체험하듯이, 비록 술 취한 상태에서 기도를 시작했더라도 회개하면서 진정으로 진솔하고 간절히 기도하면 성령의 은사를 체험할 수 있는 것이다.
　치과 의사인 최정규 형제는 필자가 캄보디아 선교지에서 신학 강의를 하러 갔다가 만난 평신도 선교사다. 이 형제는 80년대에 대학생으로 운동권이었는데 공산주의 사상에 심취되어 공산주의를 신봉하게 되었었다. 그런데 구 소련의 붕괴라는 현실을 보고 정말 공산주의가 그런 것인가 알아보려고 러시아로 유학을 갔다. 그런데 종교는 민중의 아편이라는 칼 막스의 가르침을 따라 교회를 멀리했었다가 유학생 신분으로 외로움과 김치를 먹고 싶은 마음에 교회에 발을 들여놓게 되었다. 그런데 그 교회에서 그는 신앙을 되찾고 공산주의 사상을 버렸고, 그 교회에서 신실한 자매를 만나 결혼까지 했다.

그런데 그에게 술 취함을 벗어나기 어려운 약점이 있었다. 자신은 신자가 되어서 술을 끊고자 했지만 마음대로 되지 않았다. 그래서 어느 날은 그 현실에 슬퍼서 술을 취하도록 마시고 귀가했고 부인에게 자신이 술을 못 끊는 것에 대해서 불만을 토로했다. 그러던 중 그는 술 취한 상태에서 하나님께 진솔하게 외쳤다. 내가 이토록 술을 못 끊고 있는데 하나님은 도대체 무엇 하시냐고, 좀 도와달라고 말이다. 그렇게 기도하던 중 자신도 모르는 사이에 방언이 터져 나왔고, 결국 그는 방언을 체험한 후 술을 끊을 수 있게 되었다. 나중에는 러시아에서 부인과 함께 치과 의사가 되어 캄보디아에 의료 선교사로 왔다. 신학을 공부하지 않은 평신도 선교사였는데, 프놈펜에 열린 한국인이 세운 신학교에서 공부하게 되었고, 그때 필자에게 이런 간증을 들려주었다.

2. 방언에 관한 말씀을 아멘으로 받고 받아들이면

사도행전 10장에는 베드로가 이방인들에게 복음을 전할 때 사람들이 말씀을 듣고 성령 받아 방언한 일이 기록되어 있다. 베드로가 설교할 때 성령이 말씀을 듣는 모든 사람에게 임했다. 이때 사람들은 방언을 하면서 동시에 하나님을 찬양했다(행 10:44-46). 우리도 하나님의 말씀을 경청할 때, 특히 성령에 관한 말씀을 배우고 들을 때 방언 은사를 체험하는 경우가 많다. 아니면 기록된 말씀을 혼자 읽을 때 방언이 임하는 경우도 있다. 단순히 기도만 하는 것이 아니라 말씀을 통해 하나님의 본뜻을 깨닫고, 말씀에 의지하여 사모하면서 기도하는 사람들에게 방언이 임한다. 방언을 경험하는 가장 많은 경우는 방언에 대해서 무지 혹은 무관심 혹은 오해하다가 올바른 말씀의 가르침을 받고 그 말씀이 마음속에 진정으로 받아들여지고 방언을 사모할 때이다.

필자의 전도사 시절에 "신령한 것을 사모하라!"(고전 14:1)는 주제로 청년회 부흥성회를 자체적으로 한 적이 있었다. 당시 이재정이라는 청년은 이번에 은혜를 체험하리라고 결심하고 주제 성구가 있는 고린도전서 12-14장을 열 번 읽으니 방언에 대해서 알게 되었고 방언을 체험하고 싶은 열망이 일어났다. 그러자 부흥 강사가 방언에 대해서 설교할 때 곧바로 방언이 터졌다. 지성적인 신앙인에게는 이 방법을 권하고 싶다. 방언에 대해 신학자들, 목사님들 사이에 이견이 있다. 어느 것을 따라야 할지 평신도로서는 분별이 서지 않는다. 이때 성경 말씀 자체를 신뢰하고 방언에 대해서 기록된 고린도전서 12-14장을 계속 읽어라. 말씀이 마음속에 가득 찰 때 입을 벌리면 바로 방언이 터지게 되어 있다.

앞에서도 말한 성균관대학교 겟세마네라는 기독교 동아리는 대학에서 자생적으로 생긴 것으로 외부에서 들어온 어떤 기독교 동아리보다 크고 생동적이다. 필자가 이 모임의 수련회 강사로 가서 방언에 대해서 설교한 적이 있는데 많은 학생들이 방언을 체험했다. 사실 이 동아리는 기도를 중심 모토로 하는 동아리로서 창립 초기에는 방언을 비롯한 은사가 풍성히 나타나는 동아리였는데 은사 운동을 하다가 어떤 문제점이 발견되어 그 후에는 주로 기도는 열심히 했지만 은사는 약간 경원시하는 입장을 취했다고 한다. 그래서 개인적으로는 방언으로 기도하는 사람이 있었지만 전체적으로는 방언으로 기도하는 사람이 거의 없었는데 필자가 다시 방언에 대해서 성경적으로 설명하자 많은 학생이 그 말씀을 아멘으로 받아들였고 방언을 체험했다. 필자는 이 집회를 통해서 방언에 대한 올바른 말씀의 가르침을 받을 때 방언이 임한다는 것을 다시 한번 깨달았다.

필자는 2014년 미국 보스톤에서 안식년을 보내면서 특이한 경험을 했다. 보스톤의 조그만 한인 교회에서 필자는 새벽 기도회를 인도했었는데, 새벽 기도회에 나오는 세 사람에게 『방언은 고귀한 하늘의 언어』라는 책을 선물했는데, 그 책을 읽고 1주일 안에 세 사람 모두가 방언을 체험했다. 이들은 방언이 얼마나 중요한지를 잘 몰랐다가 필자의 책을 읽고 그 중요성과 필요성을 느낀 후 여러 모양으로 방언을 체험했다. 한 분은 자녀를 픽업하려고 학교 주차장에서 기다리면서 차에서 기도하고 방언이 폭포수처럼 터졌고, 다른 한 분은 책을 읽고 새벽 기도회에 나와서 기도하다 방언이 터졌다. 또 한 분은 과거에 방언을 했었는데 그 중요성을 몰라 그쳤다가 책을 읽고 다시 방언을 하게 되었다. 이렇게 방언에 대한 성경 말씀을 읽거나 듣거나, 책을 읽으면 그것이 그 사람의 생각을 변화시켜 방언이 터지는 것이다.

이 관점에서 보면 오늘날 교회에서 방언이 체험되지 않는 것은 성경에 나오는 방언에 관한 말씀을 가르치지도 않고 설교하지도 않기 때문이다. 말씀은 선포되면 준비된 영혼에게 심어져 싹이 나와 열매를 맺기 마련이다. 목회자들이 방언에 관해서 좀 더 관심을 갖고 방언에 관한 말씀을 선포하면 방언이 터지는 역사가 일어날 것이다.

3. 방언에 관해서 잘못된 태도를 바꾸면

신앙이 좋은 교회 교역자, 직분자들이 방언을 경험하지 못하는 경우는 방언에 대한 태도가 잘못된 경우가 많다. 여러 가지 이유로 방언에 대해서 혐오하거나 아니면 별거 아닌 것으로 생각하는 경우이다. 고신 총회장을 지내신 권오헌 목사님은 성도들이 방언을 받고 자기에게 와서는 자랑하면서 "목사님, 아직 방언도 못하세요?"라는 말에 큰 상처를 받았다. 그래서 이분은 방언에 대해서 부정적으로 생각하게 되었고, 또 방언으로 기도하는 사람들에 대해서도 좋지 않은 감정을 갖게 되었다. 그런데 결혼 초 어느 날 잠을 자고 있는데 아내가 방언으로 기도하고 있더란다. 중매로 결혼하는 바람에 연애 기간이 짧아 방언으로 기도하는지 알지 못했던 것이다. 하지만 갑자기 일어나 따질 수도 없어서 며칠 후에 부인에게 방언에 대해서 물었다. 그랬더니 그 사모님 왈, "그거 별거 아입니더. 기도하다 보니 혀가 저절로 돌아가데예. 관신경 쓰지 마이소." 이 말에 그 목사님은 큰 은혜를 받았다. 방언하는 사람들 중에도 겸손하게 말하는 사람이 있구나 하고 생각을 달리하게 되었다. 어느 날 기도할 때 그 목사님에게도 방언이 임했다.

영국 유학 시절에 여름 휴가 차 웨일즈에 있는 지인을 방문하고, 그곳 한인 교회에서 설교한 후 목사님 가족들과 식사를 하였다. 이상하게도 공통 주제로 방언이 설정되어 네 부부가 열띤 토론에 돌입했다. 흥미롭게도 두 부부는 방언을 체험해서 방언에 대해서 긍정적으로 말했고, 다른 두 부부는 체험하지 못한 분들로 방언에 대해서 상당히 부정적으로 말했다. 아무리 토론해도 본인들의 입장이 너무 확고해서 결론이 나지 않았다. 우리는 기도회로 그 토론을 마무리하기로 하고 같이 기도했는데 그때 그만 방언 반대자 편에 있던 두 사모님들에게 방언이 터졌다. 당황한 것은 남은 두 목사님들이었다. 이분들은 당시에는 자신의 주장을 굽히지 않았지만 집에 돌아가 고민하면서 기도하다가 후에 모두 방언을 체험하게 되었다. 나중에 들은 이야기로는 이분들도 사실은 방언을 사모하고 있었는데 자신이 속한 교단 신학교에서 이에 대해 부정적으로 생각하도록 배웠고, 후에는 방언을 사모했는데도 받지 못하자 방언 사모함이 미움으로 바뀐 상태였다. 그런데 실제로 자기 부인이 방언을 체험하는 것을 보고 깊은 고민에 빠지게 되었고 나중에 방언에 대한 입장을 바꾸고 기도하다 모두 방언을 체험했다.

4. 방언 체험을 사모하면서 기도하면

필자는 부흥회를 인도하면 전 교인이 방언을 체험하는 것을 꿈꾸고 기도한다. 실제로 중학생 이상 전 교인이 방언을 체험한 경우도 있었다. 그런데 어떻게 사람들이 방언을 체험하게 되는지를 그동안 관찰한 결과를 보면 흥미롭다. 중고등부 수련회의 경우에는 첫날 한두 사람 정도만 방언을 경험한다. 다음 날 그 학생이 간증하면 방언을 체험하는 학생이 기하급수적으로 늘어난다. 왜냐하면 학생들은 신앙적으로나 다른 모든 것이 자기보다 못하다고 생각하는 사람이 방언을 체험하면 질투가 나서 못 견뎌서 몰래 금식하면서 기도하기도 하고, 간절히 방언 받기를 사모하기 때문이다.

사실 질투는 사랑이 아니다(고전 13:4). 하지만 거룩한 질투가 있으니 바로 은사를 사모하는 것이다. 여기서 '사모하다'라는 동사가 바로 오늘날 영어의 질투(jealousy)의 어근이다. 질투할 정도로 좋아하고 열망하라는 것이다. 방언을 체험하지 못하는 사람은 방언에 대한 열망이 없는 경우가 많다.

방언을 사모함이란 구체적으로 어떤 행동을 말할까? 사모함이란 우선, 시간과 장소를 정해서 하나님께 기도하는 것이다. 구체적으로는 방언으로 기도하고 싶다는 기도 내용과 열망을 하나님께 올려드리는 것이다. 이때 우리의 연약함을 인정하고 고백하는 것이 중요하다. 우리는 이미 하나님의 백성이 되었지만 그럼에도 불구하고 우리의 이성과 경험만으로는 하나님께 온전한 기도를 할 수 없음을 인정하는 것이다. 사실 그동안 경험에 의하면 방언의 은사를 체험하지 못하는 사람의 부류 중에는 모국어로도 기도를 전혀 못하는 사람과 반대로 매우 유창하게 하는 두 그룹이 있었다. 전자는 하나님과 기도로 교제하는 것을 배우지 못해서 방언 체험까지 못 가고, 후자는 자신이 모국어로도 만족하게 기도생활을 하기 때문에 굳이 방언 체험을 할 필요성을 못 느낀다.

성령의 은사는 하나님의 주권(고전 12:11)과 신자의 사모함(고전 14:1)으로 주어지는데 때로는 하나님의 주권이 강하여 신자 자신이 방언의 중요성도 모르거나 방언의 존재도 모르고도 체험하기도 한다. 기도하다가 갑자기 혀가 돌아가서 다른 신자에게 물어보니 방언이더라는 경우도 없지는 않다. 하지만 대부분의 경우에는 신앙 생활하면서 신령한 것에 대해서 올바로 이해하고, 수용하고, 열정적으로 사모할 때 방언을 체험하게 된다.

일반적으로 말해 성령의 은사는 하나님의 주권이 신자의 사모함을 통해서 나타날 때 체험하게 된다. 그런데 어떤 사람들은 은사는 하나님의 주권의 영역이기 때문에 신자가 그 영역을 침범하여 구하는 것은 하나님께 불경한 행위가 된다고 본다. 방언의 은사가 하나님의 주권에 의해서만 주어진다는 것을 일례로 장로교의 창시자 장 칼뱅(John Calvin)이나 대학생 선교회의 창립자 빌 브라이트(Bill Bright) 같은 유명한 신앙인들도 방언을 받지 못한 것을 든다. 하지만 우리가 구원을 받음은 하나님의 은혜와 신자의 믿음에 의해서라는 것이 상호 모순되지 않듯이(엡 2:8), 방언 체험이 하나님의 주권과 신자의 사모함으로 된다는 것도 마찬가지다. 주권은 하나님께 맡기고 신자는 사모하면 된다.

5. 혀를 하나님께 맡기고 찬양하면서 기도하면

방언은 모든 신자에게 주어진 것이다. 그렇다면 왜 방언을 못 하는가? 그중 한 이유는 몸과 혀를 맡기지 않기 때문이다. 계속해서 자신의 말만 하기에 방언이 터지지 않는다. 과거에는 부흥회에서 할렐루야를 연속적으로 말하면 방언이 되기에 방언을 체험하려면 할렐루야를 연속적으로 말하라고 한 적이 있었다. 물론, 할렐루야를 연속적으로 말하는 것은 방언이 아니다. 그러면 과거에 왜 이렇게 하라고 했는가? 일단 방언을 하려면 우리말 말하기를 그쳐야 한다. 방언과 우리말을 동시에 할 수는 없기 때문이다.

그러면 어떻게 하면 되는가? 필자가 인도하는 집회에서 대부분은 찬양하다 방언이 터진다. 일단 우리말로 찬양을 같이 시작한다. 이때 필자는 거의 자동적으로, 자신도 모르게 방언으로 찬양이 나온다. 이때 성도들은 필자가 방언하는 소리를 들으면서 자신 안에 있던 방언이 자기도 모르게 터져 나와 우리말로 하던 찬양이 갑자기 방언으로 변하여 나온다.

방언이 터질 때는 강권적으로 되는 경우도 있다. 자신이 방언을 하려고 하지 않는데도 저절로 방언이 폭포수처럼 터져 나오는 것이다. 하지만 많은 경우에 하나님께 입술을 찬양으로 드리면 자연스럽게 방언이 터져 나온다. 두 경우 모두 방언이다. 사람들은 강제로 터져 나오는 것만 방언이라고 생각하는데 그렇지 않다. 자연스럽게 입술이 움직이면서 나오는 것도 방언이다.

6. 방언 기도 소리를 들으면서 기도하면

사람들이 신자이면서 왜 방언을 못하는 것일까? 많은 경우에 방언하는 소리를 듣지 못해서 그렇다. 다른 사람이 방언을 하면 성령 받은 사람이라면 그 소리를 듣고 자신 속에 있는 성령이 주시는 방언이 저절로 흘러나온다.

필자가 평택대학교에서 신대원장을 할 때 학생 중에 한 분이 수십 년 만에 방언이 다시 터졌다. 그녀는 미국인 목사와 결혼한 목사 사모였는데, 결혼 전에 방언을 했었지만 결혼 후 남편 목사님이 방언을 하지 않자 자신도 자연스럽게 방언을 하지 않았다는 것이다. 그런데 필자가 아주 나지막하게 방언으로 기도하는 소리를 듣고 옛날에 체험했던 방언이 다시 터져 나왔다는 것이다.

7. 결단하고 앞으로 나와 기도하면

혼자 기도하는 것보다도 같이 기도할 때 방언이 터지는 경우가 많다. 오순절에 성령이 임한 것은 120명의 제자들이 한곳에 모여서 기도할 때였다(행 2:1). 특히 방언을 이미 체험한 사람과 같이 기도할 때 방언이 임하는 경우가 많았다. 사도행전의 성령 세례 체험 기사 중 오순절 기사를 제외하면 모두 이미 체험한 사람이 집회를 인도하는 가운데 성령의 능력을 체험했다. 이 현상은 지금도 흔히 일어난다.

필자는 방언 집회에서 설교를 한 다음 방언 체험하고 싶은 사람은 강단 앞으로 나오라고 청한다. 그런데 놀라운 일은 앞으로 나온 사람 대부분은 방언을 체험한다는 것이다. 그냥 자기 자리에서 기도하는 것보다 방언 체험하는 확률이 월등히 높다. 왜 그럴까? 우선, 이런 사람은 설교 말씀을 듣고 은혜받은 사람이다. 그리고 사모하는 사람이다. 그리고 이제 결단한 사람이다. 그렇기에 이렇게 하면 방언 체험하는 경우가 정말 많다. 필자는 지금까지

18년 동안 400번가량 집회를 인도했는데, 앞에 나와서 같이 기도한 사람 중 80% 정도가 방언을 체험했다.

김인수 목사는 평택대학교 신대원 제자다. 이분은 60살이 넘어서 신학교에 들어와 사역자가 된 사람인데, 어머니와 누님 등 가족 대부분은 방언 기도를 했고, 자신만 하지 못해 평생 방언 기도를 사모해 왔다. 그러던 중 신약성서의 성령론 세미나라는 필자의 과목을 수강하면서 방언 체험을 더 사모하게 되었다. 그러다가 2023년에 필자가 인도한 아산천호교회 철야예배에 참석해 기도하던 중 놀랍게도 방언이 터졌다. 그는 필자의 요청에 따라 강단 앞으로 나와 기도했는데 수십 년을 사모해서 그런지, 거기에 참석한 사람 모두의 목소리만큼 큰 목소리의 방언이 터져 나왔다. 이렇게 결단해서 앞으로 나와 같이 기도하면 방언이 터지는 것이다.

사도행전에 보면 방언을 체험한 경우 중 하나는 사도들의 안수를 받을 때다. "바울이 그들에게 안수하매…[에베소 교인들이] 방언도 하고 예언도 하니"(행 19:6). 지금도 안수를 받을 때 방언이 터진다. 그 원리는 무엇일까? 어떤 사람이 하나님의 종에게 안수를 받는다는 것은 하나님의 역사를 인정하고 받아들이겠다는 마음을 갖게 된 것이다. 그래서 마음을 열고 안수를 받을 때 방언이 터진다. 우리가 신뢰하는 신앙인이 방언으로 기도하는 것을 목도하는 것보다도 방언을 사모하게 되는 좋은 계기는 없다. 또 이때 권위를 가진 사람의 안수를 통해 방언이 임하는 경우가 성경에서도 많이 발견된다(행 19:1-7). 안수에 방언 도깨비 방망이가 있어서라기보다는 하나님의 주권을 인정하여 하나님의 사역자를 통해 성령이 임할 것을 기대하기 때문이다.

적용과 실천

방언을 체험하기 어려운 경우는 방언에 대해서 성경에 없는 선입견을 가질 때이다. 그런데 신학을 깊이 공부하지 않고, 방언을 터부시하는 신학의 영향을 받지 않은 일반 평신도는 대개 방언에 대해서 나쁜 생각을 갖고 있지 않다. 성경에 있는 대로 방언은 하나님의 영과 우리 영이 기도로 교제하는 것인데 얼마나 좋은 것인가! 성경에는 안수할 때(행 19:6), 같이 모여서 합심으로 기도할 때(행 2:1ff.), 말씀을 들을 때(행 10:44) 임한 경우가 많다. 또 다른 사람의 도움 없이 개인적으로 기도할 때 방언이 임하는 경우도 많다. 방언을 간절히 사모하면서 기도할 때 머지않아 방언을 맛보게 될 것이다.

어떤 사람은 방언을 오랫동안 사모해도 경험하지 못하는데 또 다른 사람은 방언의 존재 자체도 알지 못했는데도 경험하는 경우가 있다. 방언은 성령이 충만할 때, 성령이 주도권을 쥐고 신자의 혀를 사용하는 것이기 때문에 얼마든지 있을 수 있다. 실제로 평택대학교를 졸업하고 인도 선교사를 하셨던 한 목사님은 신자와 결혼하고 신앙고백도 없이 부흥회에 참석했다가 그만 방언이 터졌다. 게다가 그때 그분은 술을 먹고 교회에 간 상태였다. 부흥회 강사의 말씀에 그 자리에서 신앙고백과 함께 자신도 알지 못하던 방언이 터져 나온 것이다. 평신도 치유 사역자인 손기철 장로는 유학생 시절 새벽 기도회 때 목사님이 안수기도를 하자 자신이 구하지도 않은 방언이 터져 나왔다고 한다. 불가항력적으로 임하는 경우에는 방언에 대해서 아무 편견이 없는 초신자들에게 나타나는 경우가 많다. 이미 나름의 방언관이 생기고 방언에 대한 부정적인 생각이 마음속에 들어차면 하나님의 역사가 제한받기 쉽다. 필자의 사역 경험상 방언을 가장 쉽게 경험하는 사람들은 어린아이들, 신앙 연조가 얼마 안 된 사람들이었다.

나가는 말

방언, 어떻게 볼 것인가?

지난 한 세기 동안 세계 교회는 방언에 관한 문제로 두 패로 갈렸다. 미국에서 20세기 초에 오순절파 교인들이 방언을 시작하자 기존 교파는 이들을 이단 취급했다. 1960년대에 기존 교회에 방언이 확산되었지만, 이 이슈에 대해서 방언 찬성파와 반대파는 여전히 대립이 심했다. 1970-80년대 한국 교회는 조용기 목사로 대표되는 방언을 찬성하면서 성령 운동하는 교회와 옥한흠 목사로 대표되는 방언을 반대하면서 제자 훈련하는 교회로 갈렸다.

2008년에는 김우현과 옥성호라는 평신도들 간에 방언이 하늘의 언어인지 아니면 마귀의 언어인지에 관해 논쟁이 붙었다. 이 논쟁이 신학자들에게 이어져 방언을 소극적으로 인정하여 그 체험의 제한성을 말하는 고신대 박영돈 교수와 방언 체험의 유용성을 성서신학적으로 제시하는 필자의 논쟁이 있었다. 그 후 극렬한 논쟁은 잦아졌지만, 이 문제는 수면 아래로 가라앉은 것일 뿐 언제든 다시 위로 올라올 수 있는 것이다.

사람들의 방언에 대한 입장에는 세 가지가 있다. 첫째, 방언을 꺼리는 입장이다. 둘째, 방언에 대해서 적극 찬성하는 입장이다. 셋째, 방언을 반대하지는 않지만, 그것이 적극적으로 나타나는 것을 경계하는 중도 입장이다. 필자는 이것을 소극적 인정 입장으로 부르는데, 이 입장도 대개 방언 체험을 권유하는 것은 아니기에, 그 결론에 있어서는 반대 의견과 비슷하다. 그래서 본서에서는 방언에 대한 입장을 반대 입장과 찬성 입장으로 대별해서 다루었다.

그들은 왜 방언을 꺼리는가?

현대 교회에서 일어나는 방언 현상을 부정적으로 평가하는 일군의 사람들이 있다. 여기에도 몇 가지 입장으로 나뉜다. 오랫동안 방언에 대해서 부정적인 입장을 견지하고 있는 사람들은 이른바 전통적인 개혁주의 신학자들이다. 이들은 신학적인 이유로 방언을 반대한다. 방언을 비롯한 기적적인 은사들은 예수와 사도들에게만 허용되었던 것이기에 지금은 더 이상 그런 기적은 없다는 것이다. 혹은 방언을 계시적 은사로 분류하고 그것이 계속된다고 하면 신약성서가 완성된 이후에도 계시가 계속되는 것이기에, 방언을 인정하는 것은 계시가 완성되었다는 교리에 배치된다는 것이다.

하지만 우리는 신약성서에서 위와 같은 주장의 근거를 발견하기 어렵다. 신약성서 자체에는 교회 시대에 기적적인 은사가 종결되었다는 어떤 언급도 없을 뿐만 아니라, 오히려 교회 시대에도 기적은 계속될 것이라고 말하고 있기 때문이다(요 14:12). 또 방언은 사람이 하나님께 하는 것이기에(고전 14:2) 계시적 은사가 아니며, 비록 방언 통역을 통해서 그 내용이 일부 알려지더라도 그 내용이 구원의 도리를 말한 것이 아니라 예언의 은사에서처럼 일상적인 것이기에(고전 14:3, 24-25) 구원의 도리를 말하는 계시일 수는 없다.

방언을 꺼리는 또 다른 집단은 신학적으로 리버럴한 입장에 서 있는 사람들이다. 흥미롭게도 신학적으로 양극단인 보수주의자들과 진보주의자들이 모두 방언을 꺼려한다. 보수주의자들이 교리적 문제로 방언을 반대하는 반면, 진보주의자들은 주로 정치 이념에 입각해서 반대한다. 방언하는 사람들은 정치적으로 주로 우파에 속해있고, 좌파적 사회 참여에 소극적이라고 보아 이들은 방언을 꺼려한다. 그들은 내면적 신앙에 빠져 사회 정의 문제에 민감하지 않고, 거기에다 방언을 말할 뿐 인격의 성숙에 있어서는 방언을 하지 않는 신자들과 크게 다를 바가 없기에 방언이 신앙적으로 의미 있는 행위로 보이지 않는다는 것이다. 그런데 이러한 비판은 근본적으로 방언하는 것 자체에 어떤 문제가 있다는 것은 아니다. 진보적 신앙을 가진 사람들의 입장에서 볼 때 현재 방언하는 사람들의 대다수는 이념적으로 자신들 편에 서 있지 않다는 것일 뿐이다.

방언에 대해서 마뜩하지 않게 생각하는 또 하나의 그룹은 서구의 계몽주의 세례를 듬뿍 받아 초자연적인 현상 자체를 인정하지 않는 신학자들이다. 이런 사람들은 방언을 주로 종교사적으로 연구하여, 방언을 헬라 종교나 문화에서 교회에 이입된 풍습으로 보려 한다. 아니면, 고린도전서 12-14장을 주석하면서 바울이 방언 혐오자였다고 주장한다. 이런 주장들은 방언 초기 연구기에는 성행했었지만 지금은 방언이 유대교나 예수와 상관없이 이방 종교에서 기원했다거나 바울이 방언 혐오자였다는 극단적인 주장은 더 이상 학자들의 호응을 받지 못하고 있다.

누가 방언을 환호하는가?

20세기 초 미국에서 오순절 운동이 시작되면서 현대 교회에서 방언이 폭발적으로 체험되고, 이어서 1960년대 미국에서 이것이 일반 교회에까지 두루 퍼진 은사갱신운동(charismatic renewal movement)이 있었다. 그런데 사실 방언 체험이 교회에 광범위하게 퍼진 곳은 한국 교회다. 미국에서는 일부 교회에서 방언 현상이 나타난 것에 반해, 한국 교회에서는 교파를 불문하고 방언 현상이 편만하게 나타나고 있다.

2년 전 필자가 신학과 교수로 있는 평택대학교 피어선신학대학원에서 채플 인도 중 즉석에서 조사한 바로는 참석 학생 30명 중 한 사람을 제외하고 모두 방언의 은사를 체험한 사람들이었다. 10년 전 서울 소재 한 장로교 소속 신학대학원 학생들의 방언 체험률을 그 학교 학생을 통해 조사해 보니 대략 50%였다. 웨슬레

안/오순절 교파 소속의 학생들의 체험률은 이보다 높았다. 또 한국 교회에는 상당한 정도의 평신도들이 방언 은사 체험이 있다. 담임 목사가 방언을 적극적으로 찬성하지 않는 교회에서도 방언하는 사람이 적지 않게 있다. 이것은 유럽이니 미국의 전통적인 교회의 상황과는 사뭇 다른 것이다.

그렇다면 누가 방언을 하고 있는가? 미국 교회와 한국 교회에서 모두 처음에는 방언하는 사람들이 주로 민초(民草)였다. 방언을 체험하고 계속해서 방언으로 기도함으로 사람들은 복음적 한풀이 경험을 하게 되었다. 자신들의 답답한 마음을 성령이 직접 개입해서 같이 탄식하는 기도를 해줌으로써(롬 8:26) 사람들은 방언을 통해 해방감을 경험했던 것이다. 또 이성으로만 기도하는 것으로는 체험할 수 없는 것을 성령으로 기도하는(고전 14:15-17) 방언을 통해서 체험했던 것이다.

그런데 1990년대 이후에 방언을 체험하는 사람들의 사회적 지형이 바뀌었다. 이전에는 민초들과 여성들이 주로 방언을 경험했었는데 반해, 온누리교회 등 성령 운동을 하는 교회에서 지적 엘리트들이 집단적으로 방언을 체험하는 일이 벌어졌다. 방언은 이제 더 이상 가난해서, 말주변이 없어서, 한 맺혀서 체험하는 것이 아니라 성령 체험의 한 현상으로 자연스럽게 널리 퍼진 것이다. 신약성서 저자 중에서도 지성인에 속했던 바울은 자신이 방언을 하고 있다고 말했고(고전 14:18), 지성인 누가는 방언 현상을 생생하게 기록한 것으로 보아(행 2:4) 그도 방언 체험자인 것처럼 보인다. 지적 엘리트가 방언을 체험하는 것은 초기 교회에서는 일반적인 현상이었던 것이다.

당신은 방언을 어떻게 보는가?

방언에 대해서는 사람들의 호불호가 분명하다. 이러한 현상은 오늘에만 있는 것이 아니라 방언 현상을 처음 목도한 사람들의 반응이기도 했다. 부정적인 반응으로는 "너희들은 미쳤다"(고전 14:23)와 "그들이 새 술에 취하였다"(행 2:13)라는 것들이다. 반면, 이것을 긍정적으로 본 사람들은 "우리가 다 우리의 각 언어로 하나님의 큰일을 말함을 듣는도다"(행 2:11)라고 말했다. 바울은 이 은사를 사용하여 다른 어떤 사람보다도 더 많이 기도하는 것에 자부심을 가지고 있었다(고전 14:18). 바울은 방언의 오용에 대해서는 경계했지만, 누가와 바울은 각각 방언 자체는 성령 충만의 현상으로(행 2:5), 혹은 성령의 은사로 규정하여(고전 12:8-10) 모두 긍정적으로 보았다. 당신은 방언을 어떻게 보는가? 필자의 소망은 본서를 읽고 난 후 방언에 대한 당신의 생각이 긍정적으로 변화되는 것이다.

참고문헌

김동수. "바울의 방언론."「신약논단」 13(2006), 169-193.
_____. "누가의 방언론."「신약논단」 14(2007), 563-596.
_____. "방언 통역이란 무엇인가?"「영산신학저널」 58(2021), 7-31.
_____.『성령 운동의 제3물결』. 서울: 예찬사, 1991.
_____.『방언은 고귀한 하늘의 언어』. 서울: 이레서원, 2012.
_____.『신약이 말하는 방언』. 용인: 킹덤북스, 2009.
_____.『방언, 성령의 은사』. 용인: 킹덤북스, 2015.
_____.『방언과 예언』. 용인: 킹덤북스, 2016.
김우현.『하늘의 언어』. 서울: 규장, 2007.
박영돈.『일그러진 성령의 얼굴: 한국 교회 성령 운동, 무엇이 문제인가』. 서울: IVP, 2011.
_____.『성령 충만, 실패한 이들을 위한 은혜』. 서울: SFC, 2008.
서광선.『한국 교회 성령 운동의 현상과 구조』. 서울: 대화출판사, 1987.
손기철.『고맙습니다 성령님』. 서울: 규장, 2007.
오성춘.『성령과 목회』. 서울: 대한예수교장로회총회출판국, 1989.
옥성호.『방언, 정말 하늘의 언어인가?』. 서울: 부흥과 개혁사, 2008.
이창모.『방언, 그 불편한 진실』. 서울: Band of Puritans, 2014.
조용기.『성령』. 서울: 서울서적, 1988.

Benett, Dennis J.『성령 세례와 방언』. 서울: 보이스사, 1977.
Bonke, R.『강력한 성령의 나타남』. 서울: 서로 사랑, 2008.
Chavda, Mahesh.『방언 체험』. 서울: 규장, 2004.

Fee, Gordon D. 『고린도전서』. 서울: 부흥과개혁사, 2019.

Gaffin Jr., Richard B. 『성령 은사론』. 서울: 기독교문서선교회, 1983.

Gromacki, Robert G. 『현대 방언 운동 연구』. 서울: 기독교문서선교회, 1983.

Hays, B. Richard. 『고린도전서』. 서울: 한국장로교출판사, 2006.

Hoekema, Anthony A. 『방언 연구』. 서울: 신망애출판사, 1972.

McArthur, John. 『무질서한 은사주의』. 서울: 부흥과 개혁사, 2008.

Packer, J. I. 『성령을 아는 지식』. 서울: 새순출판사, 1986.

Sherrill, John L. 『방언을 말하는 사람들』. 서울: 보이스사, 1992.

Turner, M. 『성령과 은사』. 서울: 새물결플러스, 2011.

Warfield, Benjamin B. 『기독교 기적론』. 서울: 나침반, 1993.

Woolvoord, John F. 『성령』. 서울: 생명의 말씀사, 1986.

Behm, J. "ἑρμηνεία." *TDNT* vol. 2, 661-66.

Cartledge, Mark J.(ed.), *Speaking in Tongues: Muti-Disciplinary Perspectives*. Milton Keynes: Paternoster, 2006.

Cutten, George B. *Speaking with Tongues: Historically and Psychologically Considered*. New Haven: Yale University Press.

Green, Michael. *Thirty Years That Changed the World: The Book of Acts for Today*. Leicester: IVP, 2002.

Hays, Richard B. *First Corinthians*. Louisville, KY: John Knox Press, 1977.

Hovenden, G. *Speaking in Tongues: The New Testament Evidence in Context*. Sheffield: Sheffield Academic Press, 2002.

Keener, Craig S. "Why does Luke Use Tongues as a Sign of the Spirit's Empowerment." *JPT* 15(2007) 177-184.

Menzies, Robert P. *Empowered for Witness: The Spirit in Luke-Acts*. JPTSup 6; Sheffield: Sheffield Academic Press, 1994.

_____. *Christ-Centered: The Evangelical Nature of Pentecostal Theology*.

Eugene, OR: Cascade Books, 2020.

_____. *Speaking in Tongues: Jesus and the Apostolic Church as Models for the Church Today*. Cleveland, TN: CPT, 2016.

Ruthven, Jon. *On the Cessation of the Charismata: The Protestant Polemic on Postbiblical Miracles*. Sheffield: Sheffield Academic Press, 1993.

Synan, Vinson. "The Role of Tongues as Initial Evidence." in Mark Wilson(ed.), *Spirit and Renewal: Essays in Honor of J. Rodman Williams*. Sheffield: Sheffield Academic Press, 1994.

Thieselton, A. C. "The 'Interpretation' of Tongues: A New Suggestion of the Light of Greek Usage in Philo and Jesephus." *JTS* 30(1979) 15-36.

Theissen, G. *Psychological Aspects of Pauline Theology*. Philadelphia: Fortress, 1987.

Turner, Max. *The Holy Spirit and Spiritual Gifts: Then and Now*. Carlisle: Paternoster, 1996.

Unger, Merrill F. *The Baptism and Gifts of the Holy Spirit*. Chicago: Moody Press, 1974.

Warfield, Benjamin B. *Miracles Yesterday and Today Real and Counterfeit*. Grand Rapids, MI: Eerdmans, 1965. org. 1918.

Williams, Cyril G. *Tongues of the Spirit: A Study of Pentecostal Glossolalia and Related Phenomenon*. Cardiff: University of Wales Press, 1981.

방언은 받는 것이 아니라
터지는 것이다